瞬時に「言語化できる人」が、うまくいく。

電通 コピーライター
荒木俊哉

SB Creative

「言いたいことが、
うまく言葉にできない……」
と悩む人が多い。

例えば、会議のとき。

上司や同僚から**「どう思う？」と聞かれても、**

うまく答えられない……。

焦って的外れな意見になり、恥をかく。

何か少しでも思いつけばまだマシで、

頭が真っ白になってしまうことも多い。

例えば、採用面接のとき。
その会社への「思い」は誰よりも強いはず。
なのに、うまく言葉にできない……。

話が「ふわっと」していて説得力がない。
人から借りてきたような言葉ばかりで、
「考えが浅い」と思われてしまう。

例えば、企画書を書くとき。
「ぼんやりとしたイメージ」はあるのに、
いくら考えてもいい言葉が思いつかない……。

やっと書けたと思ったら、

「具体性に欠ける」

「どこかで聞いたような内容だ」と一蹴される。

本書は、そんな

「思いをうまく言葉にできない……」

と悩むビジネスパーソンに向けて、

「言語化力」を磨くメソッドを

伝えるものです。

では、そのメソッドとは何か。

それが、**「頭に思いついたこと」を**
A4一枚の「メモ」に次々と書いていくだけの
非常にシンプルなトレーニング。

ただし、**「1枚2分」**の
短い制限時間内で「素早く」書く。
1日3枚で終わらせる。

この**「言語化力トレーニング」**を
毎日の習慣にする。

すると、
いつでも必要なときに、
必要な言葉が、
「瞬時に」出てくるようになる――。

ではなぜ、この「メモ書き」が
言語化力を高めてくれるのか。

その理由を
「はじめに」で
明らかにしていきましょう。

瞬時に「言語化できる人」が、うまくいく。

荒木俊哉

はじめに

「思いをうまく言葉にできない……」がなくなる本

「言いたいことはあるのに、うまく言葉にできない……」

本書を手に取ったあなたは、こんな悩みを持っているのではないでしょうか。

本書はそんな「言語化力」に悩む人のための本です。決してクリエイター向けの専門書ではなく、**あらゆる業界・業種の「一般ビジネスパーソン」の皆さんのために書かせていただきました。**

この「言語化力」。

会議、商談、プレゼン、レポート、企画書、報連相など、仕事上のあらゆる場面で必要とされる「ビジネスパーソン必須の能力」です。

「言語化」がうまくできなければ、**「あっ、この人は何も考えていないな」「あの人は何が言いたいのかよくわからない」**と、社会人としてのレベルをかなり低く見積もられてしまいます。

「コミュニケーション本」を読んでも、「言語化力」は身に付かない

しかし、そんなにも重要な能力であるにもかかわらず、日本では訓練される機会がまったくと言っていいほどありません。だからこそ、冒頭のような「言語化コンプレックス」を持つ人の多くは、書店に並ぶ「コミュニケーション本」に救いを求めるように感じています。

しかし、そういった本に書かれているスキルをいくら習得しても、「言語化力」を

図表1 「伝え方」を学んでも、「言語化力」は身に付かない

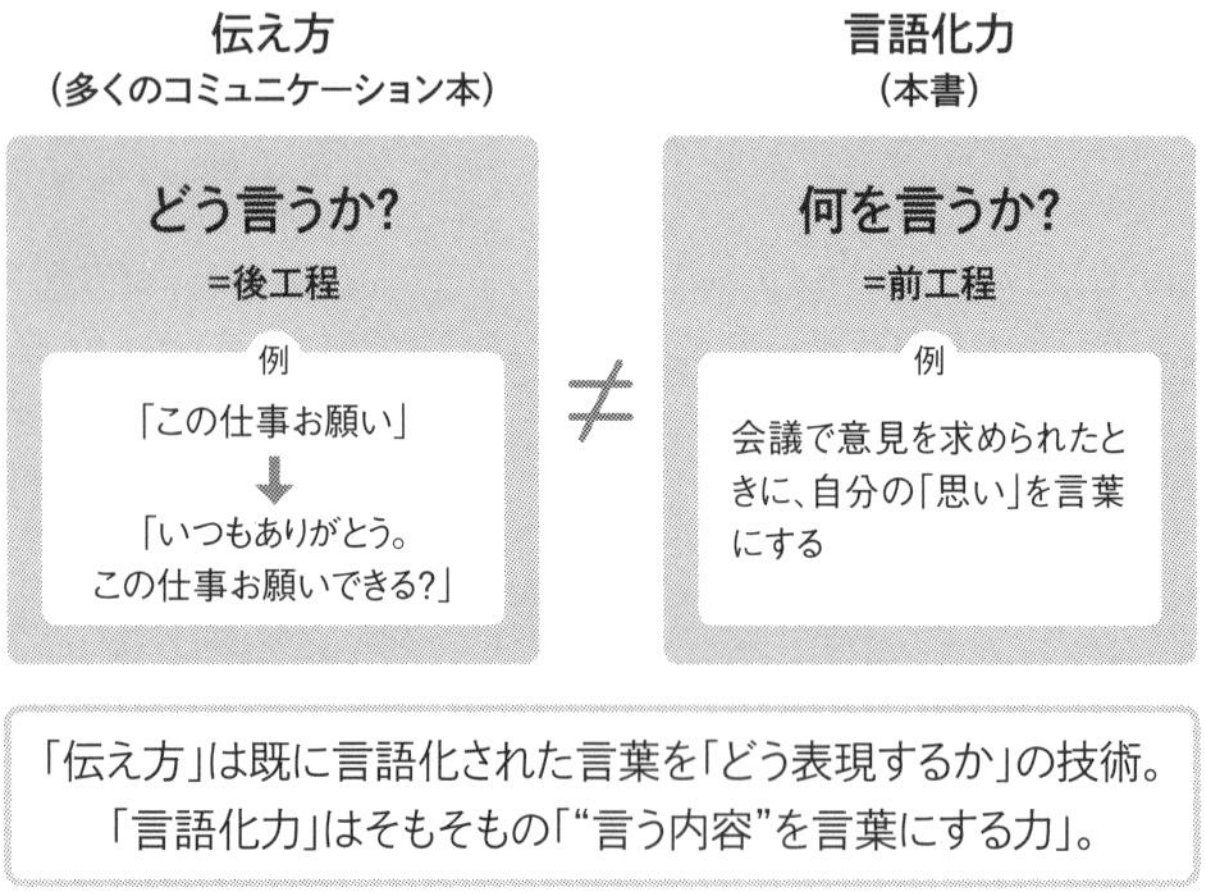

伝え方（多くのコミュニケーション本）		言語化力（本書）
どう言うか？ =後工程	≠	何を言うか？ =前工程
例 「この仕事お願い」 ↓ 「いつもありがとう。この仕事お願いできる？」		例 会議で意見を求められたときに、自分の「思い」を言葉にする

「伝え方」は既に言語化された言葉を「どう表現するか」の技術。
「言語化力」はそもそもの「“言う内容”を言葉にする力」。

高めることはできません。なぜなら、世の中のコミュニケーション本のほとんどは、**すでに言語化された言葉を「どう言うか」という「伝え方」のスキルを学ぶ本**だからです（図表1）。

つまり、「伝え方」とは、自分の言いたいことを言語化した後の工程のスキルなのです。

いくら料理の「調理法」を学んだところで、「食材そのもの」の質を高めることはできないのと同じで、後工程である「伝え方」のスキルをいくら学んでも、前工程である「言語化」の問

題は解決できません。

もしあなたが「言語化力」に悩んでいるのであれば、そのための独自の訓練をする必要があるのです。

コミュニケーションの本質は「伝え方」より「言語化力」

申し遅れましたが、私は荒木俊哉といいます。広告会社の電通でコピーライターをして18年になります。

コピーライターというと、むしろ「伝え方」を生業としているように思われるかもしれませんが、**実は私たちの仕事の全ては「言語化」から始まります。**

意外かもしれませんが、コピーライターが必ず最初に取り組むのが、広告主であるクライアントの話を聞くことです。多くのクライアントはその商品やサービスに強い「思い」を持っていますが、往々にしてそれをうまく言葉にできないことが多い。

ですから、クライアントに取材をし、「何を言えば」彼らの思いが伝わるか、言語化をしていきます。

その上で、今度はその言葉を「いち生活者」としてどう感じるか、自分自身に問いかけながら、「どう言うか」を検証し、最終的にコピーにしていきます。

ですので、まずはクライアントの「思い」の「言語化」を何度も何度も繰り返し行います。その上で、それを「どう言うか」を考えるのは最後の最後、極端にいえば仕事の5％程度にすぎません。**コピーライターの仕事の95％は「言語化」の作業**なのです。

とはいえ、かくいう私も、かつては「言語化」がまったくできませんでした。

クライアントの「思い」を言葉にできないのは当然のこと、先輩コピーライターが言語化したアウトプットを見ても、それに対して「自分がどう思うのか」、自分の考えすら何も言えない。当時は、先輩に意見を求められても、**「何と言っていいかわからない……」**と思っていたのが本音です。

そして何より重要なのが、**「言語化」がうまくできなかった頃の私のコピーは、「まったく」といっていいほど人々の心に刺さらなかった**ことです。広告賞などは夢のまた夢。シビアに生活者の反応が数字で表れるウェブ広告のコピーを作ったときなどは、あまりの反応のなさにクライアントに申し訳ない気持ちでいっぱいでした。

当時は、それこそ「伝え方」ばかりを学んでいたのですが、あるとき、気がついたのです。自分の問題の本質は「言語化力」にあると——。

それもそのはずです。**本来、「何を言うか」という〝言う内容〟そのものが人の心を打つのであって、内容の薄い話にいくら「どう言うか」の工夫を施しても、人はそれが表面的であることを敏感に見破ってしまいます。**

あなたがいくら「おしゃれな服」を身に着け着飾っても、最後はあなたの〝中身〟が問われる。それと同じで、「何を言うか」にこそ言葉の貫通力があり、コミュニケーションの本質は「言語化力」にあるのです。

A4一枚の「メモ」を秒速で書く、シンプルなトレーニング

さて、そうして「言語化力」の重要性に気づいた私は、その訓練に励みました。そして、さまざまな試行錯誤をした結果、本書の「言語化力トレーニング」に行き着いたのです。

このトレーニングをやるようになってからの私の人生は大きく変わったと感じています。徐々に変わったのではなく、急激に変わったのです。

国内のコピーライターの賞を獲得したのをはじめ、幸運なことに**国内外で20以上のアワード**を次々に獲得しました。そして、あんなにも振るわなかった私が、**世界三大広告賞であるCannes LionsとThe One Showをダブルで入賞**することもできたのです。

また、コピーを気に入ってくださった方々から依頼があり、国際的なイベントのコ

ンセプトメイキングを任されたり、海外の国家単位のブランディングを担当したりと、これまで**5大陸20か国以上**でコピーライティングの仕事に取り組ませていただきました。

大学や企業での講演や研修にも呼んでいただき、このトレーニングをやってもらった方々から、

「とっさに意見を求められても、パッと『的確な回答』ができるようになりました」

「自分の話に『具体性』が増して、間違いなく『説得力』が上がりました」

「『自分の言葉』で話せるようになり、『その意見、鋭いね』と言われることが増えました」

「言語化力は実はセンスではなく、誰でも鍛えられる。このメソッドをやったら、きっと誰もがそう思うはず」


そんな嬉しい言葉をいただくこともありました。

では、そんな「言語化力」が急激に高まるメソッドとは何か。それが**「頭に思いついたこと」をA4一枚の「メモ」に次々と書いていく**というだけのシンプルなトレーニングです。

メモ書きが「言葉の解像度」を高めてくれる

「なんでメモ？」と思う方も多いでしょう。メモといえば、「記録のためのツール」というのが一般的な認識だからです。

しかし、私がこの本で強調したいのは「メモの本当の力はまったく別のところにある」ということです。それが**「思考を言語化するためのツール」**です。

図表2を見てください。実は普段、私たちが「ぼんやり思っていること」のほとんどは「言葉」の形を取っておらず、モヤッと霧がかかったような「曖昧なイメージ」の状態にあります。「感覚」や「概念」と言い換えてもいいかもしれません。

人は「話したり」、「頭の中だけで考えたり」しているときには、ついつい多くのこ

図表2　メモ書きが「言葉の解像度」を高めてくれる

「書く」とは、“曖昧なイメージ”を
強制的に“言葉”にすること

「話す」「考える」とき、頭の中の
ほとんどは“曖昧なイメージ”のまま

とを曖昧なままにして、「言葉にすること」から逃げてしまいがちです。

一方で、**「書く」ということは、この曖昧な感覚や概念を「言葉にしなければならない」ということです。**当然ですが、書くためには、普段「何となく思っていること」を言葉に変換して、アウトプットする必要があります。自らを強制的に「言語化から逃げられない状況」に置くのが、「書く」という行為なのです。

本書のメモを使った「言語化力トレーニング」を習慣にすることで、頭の中の「曖昧なイメージ」を次々と「明確な言葉」に変えていく。こうして普段から頭の中の「明確な言葉」を増やし、**「言葉の解像度」を高めていく**ことで、いざ必要なときに必要な言葉が出てくるようになるのです。

また、中には「頭に何も思い浮かびすらしないんです……」という方もいるかもしれませんが、実は原因は同じです。そういう方はこの「曖昧なイメージ」の解像度が見えないほどに低い状態にあるだけで、「自分の思い」は必ず存在します。

まずはその本当にかすかな部分から少しずつ書いてみる。**「何でもいいから、まずは1つ書き出してみる」ということが大事**です。その書き出した1つの言葉がトリガーとなり、そこから連想される別の「曖昧なイメージ」が、自然と言語化されるからです。

そして、その「追加で言語化された言葉」をさらにメモに書き出す。再度、それがトリガーとなり、さらに別の「曖昧なイメージ」が言語化されていく。

この循環を毎日繰り返していくうちに、少しずつ言葉の解像度が上がっていき、「明確な言葉」にまで昇華することができます。
メモというツールは「思考を言語化する」ために使うとき、その真価を発揮するのです。

「パッと」言葉にできるようになる

とはいっても、大変なことをするわけではありません。お伝えしたように、「頭に思い浮かぶこと」を次々に書くだけです。

A4コピー用紙の一番上に自分への「問い」をひとつ立てます。その問いに対して、「頭に思い浮かぶこと」を次々に書いていきます。

ただし、**所要時間は「1枚につき2分」**です。これを**1日3枚、計6分書く。これを毎日の習慣にする。**

たったそれだけで、他のどこでも学べない「言語化力」が短時間で飛躍的に鍛えられます。**2週間**もあれば、「あれ？ 言葉がどんどん出てくる！」と、間違いなく効果を感じられるでしょう。

2分である理由は、ただ「忙しい人でもできる」ということだけではありません。「ちょっとハードルの高い制限時間」を自分に課したほうが集中して言葉を書き出せると、私が普段コピーを書いていて感じるからです。

会議で意見を求められたとき、面接で急な質問をされたとき、企画書作成がなかなか進まないとき。どんなときでも、「パッと」的確な言葉が出てくるようになる。本書の「言語化力」トレーニングの到達点は、そんな「瞬時に言語化できる」究極の状態になることです。

言葉の「速さ」と「深さ」は両立する

しかも、その状態は、言葉の「スピード」のみならず、「深さ」も最大限に高まった状態です。本質をついた意見をポロッと言えてしまう人が、往々にして「瞬時に」

言えるのはこのためです。「じっくり考えることで、説得力のある言葉は生まれる」と思われがちですが、実は逆で、言葉の「速さ」と「深さ」は両立します。

気負う必要はまったくありません。むしろ、リラックスして気楽に取り組むほうが言葉は出てきやすくなります。また、このトレーニングは、「言語化」の訓練のために行うもので、人に見せるわけではありませんので、字が上手に書ける必要もありません。

最後に本書の目次を紹介しましょう。第1章ではまず「言語化力がいかに重要か」、その理由をお伝えしていきます。

第2章では「どうしたら言語化できるようになるのか」、そして、「なぜそれがメモなのか」、その「仕組み」をより具体的に解説していきます。

第3章で「メモを使った『言語化力トレーニング』の具体的なやり方」を、第4章ではその実践編として「実際のビジネスの場面で活かすトレーニングの実例」を一緒にトライしていきましょう。

最後の第5章には、もっと「言語化力」を磨きたい方のために、プラスアルファのトレーニングも盛り込みました。

また、トレーニングを毎日行っていると、自分への「問い」がすぐになくなってしまうことでしょう。巻末特典として「メモの『問い』の例」をふんだんに盛り込みましたので、よろしければ参考にしてみてください。

この本のメソッドを実践した方が、「いつでも〝瞬時に〟言葉にできる」喜びを感じてくださったら、こんなに嬉しいことはありません。

CONTENTS

瞬時に「言語化できる人」が、うまくいく。

はじめに

CHAPTER1

人は「伝え方」より「言語化力」で評価される

CHAPTER2
どうしたら「言語化」できるようになるのか？

CHAPTER3

瞬時に「言語化」できるようになるシンプルなトレーニング

CHAPTER4

瞬時に「言語化」できるようになるシンプルなトレーニング 実践編

CHAPTER5

もっと「言語化」できるようになる方法

発展編

CHAPTER1

人は「伝え方」より「言語化力」で評価される

あなたは会社の会議に出ています。
部長がみんなに意見を求めていきますが、
周りの同僚は自由に発言しています。

一方で、あなたの心臓はバクバクです。
「部長、私には当てないで……」
強く願っていたそのとき、
恐怖の一言がやってきました。

「○○さんは、どう思う?」

ここで的確な意見を言えるかどうかは、
あなたの評価に大きな影響を与える可能性があります。

こんな場面こそ、「言語化力」が試されるとき。
なぜ今「言語化力こそが最も評価される時代」なのか。

そんな話から始めていきましょう。

「言いたいことが、うまく言葉にできない…」がなくなる本

この章ではまず、「言語化力」がいかにあなたのビジネスにおいて大切か、力になってくれるかについて、一緒に理解を深めていけたらと思います。

「はじめに」でもお伝えしたように、本書はクリエイター向けではなく、**あらゆる業界・業種の「一般ビジネスパーソン」向けの本ですから、あくまで「一般のビジネスにおける言語化の悩み」を解決することが主眼です。**

一般的には、言葉はみんなが使えて当然のものだと思われています。言葉を使うことは、私たちにとって普段意識されないほどごく当然の技術です。

では、この本のテーマである「言語化力」とは何なのか。ただ単純に話が上手にな

る力、文章が上手に書ける力、ということではありません。言語化力を一言でいうと、**「モヤモヤを言葉にする力」**と本書では定義しています。

では「モヤモヤ」とは何か。それが「はじめに」でお伝えした、頭の中の「曖昧なイメージや感覚、概念」です。**「言いたいことはあるんだけど、うまく言葉にできない……」。そんなもどかしさを感じているとき、まさしくあなたは「言語化」に苦しんでいるときです。**この問題を解決するのが本書の目的です。

ここではまず、「言語化力」をより具体的にイメージしていただくために、**ビジネスにおいて実はこんなにもさまざまなシーンで人は「言語化力」に悩んでいる、**というお話をしていこうと思います。

本書を手に取ったあなたの悩みにも、きっと当てはまるものがあるのではないでしょうか。そして、言葉に対して密かに悩んでいるのはあなただけではない、とまずは安心してもらえたらと思います。

多くの「ビジネスパーソン」が言語化に悩んでいる

「会議」も「プレゼン」も、言語化力がないとうまくいかない

私は今、広告会社に勤務していますが、業界や業種は違えど、あなたも日々の仕事の中でさまざまな会議に参加していると思います。その中でも比較的重要な会議のひとつにクライアントへの「プレゼン」があるのではないでしょうか？

しかも大きなプレゼンともなると、何週間、何か月もの長い時間をかけて準備し、クライアントに対して自分の思いも込めて提案する一大イベントです。業界や業種によってプレゼンの仕方は異なるかもしれませんが、その場で行われるやりとりの中に

はきっと共通するシーンも多いのではないかと想像します。

この本をせっかく手に取っていただいたのも何かのご縁ですので、私が働いている広告会社の人間が普段クライアントに対して行っているプレゼンを例に、そこで生まれている言語化への悩みを一緒に考えてみましょう。

ここでの主人公はあなたです。あなたが「広告会社の社員になった」と仮定して、読み進めてみてください。

架空会議

架空会議・クライアントプレゼン編

クライアント：食品会社
プレゼン内容：マヨネーズの新作ＣＭ
プレゼン出席者：クライアントが10名程度
広告会社メンバーが10名程度（うち1人があなた）

さぁ、いよいよプレゼンがスタートします。あなたは広告会社側のメンバーとして席に座っています。あなたの隣に座っているのは、ＣＭ企画のチームリーダー。まずは彼が、長い時間をかけて練ってきたＣＭプランを熱く話します。

少し地味だったこれまでのＣＭ内容を一新して、インパクトを重視した新企画です。そしてひと通りプレゼンが終わったあと、クライアントの各部門の担当者が口々にコメントを始めます。

「非常に面白い企画だと思いました。どうもありがとうございます」
「このタレントさんを使えば、商品のイメージも一新できそうですね」
「とてもインパクトのあるキャッチコピーだと思いました」

クライアントからは、好評なコメントが続きます。隣をちらりと見ると、プレゼンをしたチームリーダーも嬉しそうな表情を浮かべています。

そんなときです。ちょっと気難しそうなひとりのクライアント担当者からこんな質問が飛んできます。

クライアント「たしかにインパクトはありますが……」
リ　ー　ダ　ー「はい……」
クライアント「このＣＭでマヨネーズ、本当に売れますかね？」
リ　ー　ダ　ー「……」

ＣＭのインパクトを何より重視していたチームリーダーは、思いも寄らない質問に言葉を詰まらせてしまいます。すると、同じ質問が隣に座るあなたに飛んできました。

クライアント「〇〇さんは、このＣＭでマヨネーズが売れると思いますか？」

さぁ、プレゼン出席者全員の視線があなたに注がれます。
あなたなら、何と答えますか？

突然の質問に驚かれたら申し訳ありません。

そもそも、普段の仕事でＣＭ企画をプレゼンするようなことはきっとないと思います。でも、プレゼンの空気がガラッと変わってしまうようなちょっとキツめの質問が急に飛んできた経験は、あなたも一度といわず経験されたことがあるのではないでしょうか。

そのときにどう答えていいのかわからず**「そうですねぇ……」と相手の意見に相槌を打つしかできなかった。**もしくは、**黙り込んでしまい無言の時間が流れてしまった。**そんな無言の空気を埋めるために、自分でも言葉として整理できていない状態で話し出してしまい、**結果として的外れな発言をしてしまった。**

もしあなたに思い当たる節があるとしたら、言語化力を磨くことできっとその悩みは解消されるでしょう。

ここでもうひとつ、他のビジネスシーンにおける言語化力の悩みを見ていきましょう。

「資料作成」も「企画書」も、言語化力がないとうまくいかない

普段の仕事で資料や企画書を作成する機会が多い方もいらっしゃると思います。私も、ほぼ毎日何らかの企画書を書いています。

コピーライターってキャッチコピーを書いているだけじゃないの?と思われる方も多いと思いますが、決してそんなことはありません(意外といろんな仕事があるのです)。

ところで、あなたは資料や企画書を書く上でどんなことを意識していますか? もちろん業界によって書き方はさまざまだと思います。ですが、どんな業界の資料や企画書でも必ず使われているものがあります。それが「言葉」です。

しかし不思議なもので、普段から当たり前のように「言葉」を使っているのに、いざ企画書や資料を作ろうとすると、**なかなかしっくりくる言葉が思いつかない。気づ**

けば借り物の言葉、紋切り型の言葉ばかり並べてしまう。**

そしてビジネス文書を気にするあまり、**本当に伝えたい大切なことが伝わり切らない文章になってしまう。**自分が書いたものをふと読み返したときに、そんな悩みに襲われることはないでしょうか？

私は、その原因も「言語化力の不足」だと考えています。この章の冒頭でもお伝えしましたが、言語化力とは「モヤモヤを言葉にする力」です。そもそも、あなたは何も考えずに企画書や資料を書いているはずはありません。必ず、何らかの目的を達成するために書いているはずです。

上司やクライアントに自分の構想やアイデアを通したい。新しいビジネスをつくり出したい。そんな目的があるからこそ、実際に書く前にはたくさんの時間をかけて、自分の中で思いを巡らせているはずです。

なのに、いざ書こうとすると、なぜかうまく書けない。その原因は、あなたが頭の中で考えているモヤモヤをきちんと言葉にできないことにあるのです。

「伝え方」を学んでも「言語化力」は身に付かない

　ここまで、会議やプレゼン、企画書、資料作成など、ビジネスシーンでの言語化に対する一般的な悩みの例をお話ししてきました。そして最近、これらの言語化に対する悩みを、実は多くの人が抱えているのかもしれないと私自身が感じるようになりました。特にそれを強く感じるのが、本屋さんを訪れたときのことです。

　ここ数年、本屋さんの棚には**「伝え方」**に関する実にさまざまな書籍が並ぶようになりました。いわゆる「コミュニケーション本」と呼ばれる類の本です。もしかしたら、あなたも一度はそういう本をお読みになった経験があるかもしれません。もし読んだことがあったら、果たしてどんな感想をお持ちになったでしょうか？

　誤りを恐れずにいうと、私は「伝え方」に関する本では、これまでに述べてきたようなあなたが抱えている「言語化」に対する本質的な悩みには応えることができない、と考えています。なぜなら、「はじめに」でも触れたように、**「言語化」と「伝え方」はまったく別のスキルだからです。**

コミュニケーションは「何を言うか」と「どう言うか」に分かれる

「言語化」と「伝え方」はまったく別のスキル。そのことをご理解いただくために、そもそも**「言葉を使ったコミュニケーションの本質」**について触れる必要があります。

コミュニケーションとは、そもそも「何を言うか」と「どう言うか」に分解することができます。たとえば、

- 話の最初に「恐縮ですが、」と付ける
- 「勉強しなさい」より「一緒に勉強しよう」と言う
- 「まるで○○」と例え話を出す

図表3 「何を言うか」と「どう言うか」

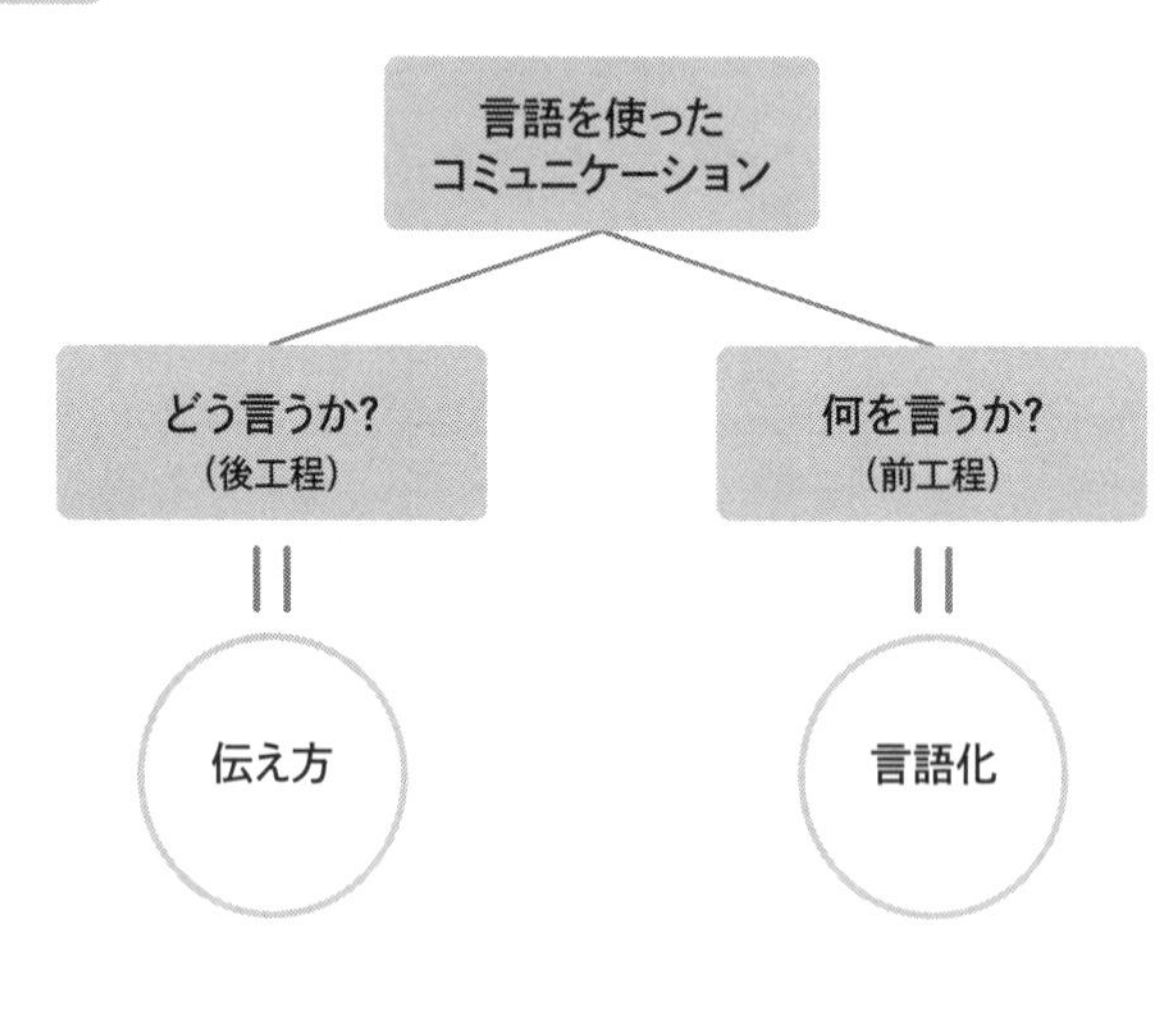

などは、物事を「どう言うか」の話です。前置きを置いたり、語尾を変えたり、たとえてみたりということはありますが、「言う〝内容〟」そのものが変わるわけではありません。この「どう言うか」のためのスキルが「伝え方」です。

一方で、私たちが何か言葉を発する際、「どう言うか」を考える前に、そもそもの「言う〝内容〟」を考えるはずです。この「言う〝内容〟」こそが「何を言うか」であり、そのためのスキルが「言語化力」です(図表3)。

仕事の評価は「どう言うか」より「何を言うか」で決まる

「伝え方」を学んでも「言語化力」が身に付かない理由がわかっていただけたでしょうか。

この2つはコミュニケーションの中でも、別の工程のためのスキルなのです。「どう言うか」のスキルをいくら身に付けても、「何を言うか」そのものをよくすることはできません。

では、「何を言うか」と「どう言うか」、どちらが大事なのでしょうか。このことを、ある会議の様子を例に取りながら、より丁寧にご説明したいと思います。

ここでもあなたが主人公です。ただ、少し視点を変えて、今回はあなたが「意見を聞く側」になってみましょう。

架空会議・社内編

会議内容：新商品の販促ポスターデザイン検討
出席者：あなたを含めて4名
※ポスターデザインが2種類並んでいる

テーブルの上には、今度発売する新商品の販促ポスター案が2つ並んでいます。あなたはこのチームのリーダーです。チームメンバーにどちらのポスター案がよいか意見を聞いていきます。

あなた「Aさんはどっちがいいと思う？」
Aさん「うーん……1案目ですかね……」
あなた「それはどうして？」
Aさん「うーん……何となくきれいにまとまっていて……」

あなた「Bさんはどっちがいいと思う？」
Bさん「ええっと……僕も1案目かもしれないです……」
あなた「お、それはどうして？」
Bさん「いやー……ええっと……1案目のほうがシンプルで好きです……」
あなた「なるほど」
Cさん「私は2案目がいいと思います」
あなた「それはどうして？」
Cさん「新商品のコンセプトは『忙しい主婦でも手間なく使える』ということです。
2案目のほうが主婦向けの商品だとわかりやすいですし、『手間なく』の
文字も目立っているので、コンセプトに合っていると思います」

さて、あなたはどの意見を採用しますか？

ここまでチームメンバーの意見を聞いて、あなたならどちらの案がよさそうだと感

じましたか？　もちろん、ポスターデザインに絶対的な正解はありません。

しかしここで大切なのは、あなたの質問に対してメンバーがどんな答えをしたか、です。

鋭いあなたのことですからすでにお気づきだと思いますが、3人のメンバーのうちAさんとBさんは、言い方は違えど、実は両方とも「すっきりしているから好き」と、ほぼ同じ内容を言っています。しかし、Cさんだけは「何を言うか」、つまり、言っている「内容」そのものが違います。


そして、誤解を恐れずにいえば、**AさんとBさんは話が「具体性」に欠けていて、説得力がありません。**おそらく2人とも、頭の中に「モヤモヤ」としたイメージはありますが、そのほとんどをうまく言葉にはできていない、「言葉の解像度」が低い状態です。ですから、「何となくきれいにまとまっていて……」「シンプルで好き……」と、一言出てくるのがやっとなのです。**しかも、「他の誰でも言えてしまいそうな内容」の話です。**

一方で、**Cさんは「言い方」云々ではなく、「話の内容」そのものが「具体的」です。**自分の頭にある「モヤモヤ」を見事に「明確な言葉」にしていて、「言葉の解像度」が高い状態です。他のメンバーが言葉にできないことまで言語化をしていますから、必然的に**「独自の視点」を持った意見になっていて、周囲が思わずハッとするような説得力があります。**

あなたが3人のうちどの意見に共感したかはわかりませんが、少なくともCさんのような意見が言える人がチームにいると、リーダーとしては心強いのではないでしょうか。

今回の架空会議では、あなたにはリーダーとして意見を聞く側に回っていただきました。しかし、あなたの普段の仕事において、今回の3人のように何かしらの意見を求められる機会はとても多いのではないかと思います。

そのときに、自分の中でモヤモヤと感じているものはあっても、それが何なのかはっきりと言葉にして意見できない。もしくは、周囲が思わずハッとするような説得力のある意見が言えない。

そんな悩みの根本的な原因は「どう言うか」よりも「何を言うか」が自分の頭の中で整理され、言語化されていない状態だからなのです。

そして、他人があなたを本当に評価するのは、意見を求められたあなたが「何を言うか」です。

あなたの意見に、「質問者が思いもつかなかった視点」があるか。「新しい気づき」があるか。それこそが、コミュニケーションを通してあなたの評価が上がる大きなポイントになるのです。

そして、**いわゆる「伝え方」の本は、「どう言うか」の部分にフォーカスを当てたアドバイスが書かれていることがほとんどです。**

しかし、そもそも「何を言うか」が整理され、言語化されていなければ、その先の「どう言うか」をいくら考えても、残念ながらあなたの本当の悩みが解決されないのは先ほどもお伝えしたとおりです。

言葉が人に刺さるかは、「何を言うか」で決まる

コピーライターと仕事をしたことのない方に「コピーライターはどんな仕事をしていると思いますか？」と質問をすると、たいてい「キャッチコピーを考える仕事」、つまり「『どう言うか』を考える仕事」と答える方が多いなと感じます。

それは決して間違ってはいないのですが、キャッチコピーを考える仕事は、コピーライターの仕事のほんの一部にすぎません。

結論を先に申し上げますと、**言葉が人に刺さるかどうかは、ほとんどが「何を言うか」で決まるといっても過言ではありません。**ですから、私たちは「何を言うか」を考える時間を非常に大切にしていますし、その「言語化力」にこそ実はコピーライター

図表4 「what to say」と「how to say」

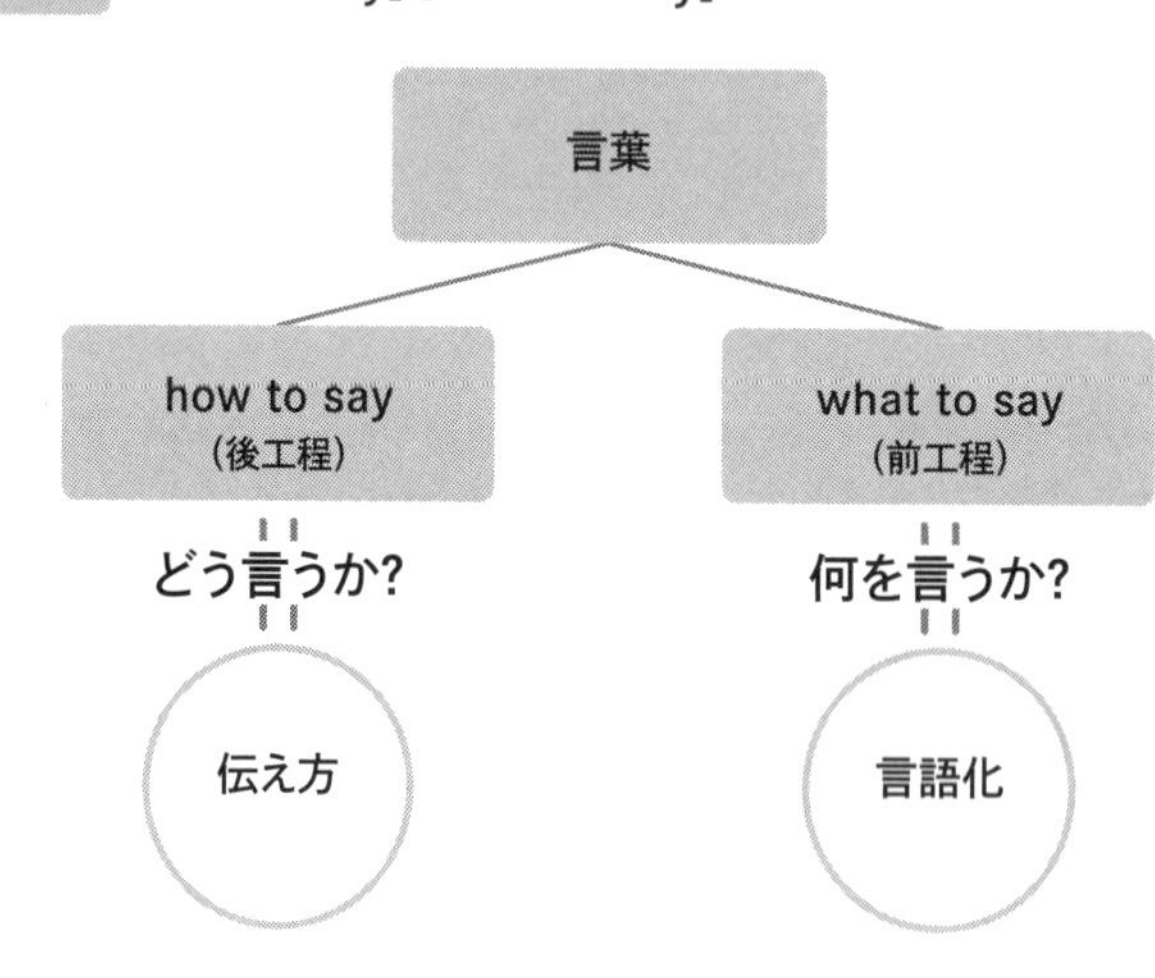

の力量が表れるのです。

では、なぜ、言葉が人に刺さるかどうかは「何を言うか」で決まるのか。その理由について、コピーライターの仕事を例にもう少し具体的にお話をしてみましょう。

たとえばクルマのキャッチコピーを考える仕事があったとします。そのときに、私たちは大きく2つのステップに分けてキャッチコピーを考えています。それが、「what to say」と「how to say」というステップです。わかりやすくいうと、「what to say」は「何を言うか」。「how to say」はそれを「どう言うか」という意味になります（図表4）。

せっかくですので、頭の体操だと思って、クルマの「what to say」を一緒に考えてみましょう。

あなただったら、どんな「what to say」を思い付きますか？

クルマの「何の魅力」を言えば世の中の人に響くのか。そのクルマが好きになったり、欲しくなったりしてもらえるか。その正解は決してひとつではありません。「what to say」を考える上で大切なのは、フレーズや言い回しにはこだわらず、思いつくままにどんどん書き出していくことです。早速ですが、あなたもやってみましょう。試しに、1分間考えてみてください。

1分間考えていただいたら、次の例を見ながら話を進めていきましょう。

■クルマの「what to say」の例

●デザインが美しい
●色がかわいい
●誰でも運転しやすい
●サイズ感がちょうどいい
●家族で乗れる
●長時間乗っていても疲れにくい
●燃費がいい
●荷物がたくさん積める
●作り手の思いやこだわりに溢れている
●何世代も進化してきた歴史がある
●すでに多くの人に選ばれている

ここに書いたもの以外にも、クルマの「what to say」はたくさんあると思いますが、果たしてあなたはいくつ思いつきましたか？　時間が足りずに苦労しませんでしたか？　クルマに対して、何となくぼんやりしたイメージはあるんだけど言葉にするのが難しかったと感じませんでしたか？　ここで感じていただきたかったのは、まさにそこです。

あなたは生活をしていて、ほぼ毎日、クルマという乗り物を目にしているはずです。道を歩けばそこら中をクルマが走っている。テレビをつければクルマのＣＭが流れている。そもそもクルマに乗って毎日通勤しているという人もいるでしょう。

なのに、クルマの持つ魅力をいざ質問されると、パッパパッパッと答えるのは、案外難しかったりします。

では、なぜ答えられないのでしょうか？　その理由は、**あなたが普段感じていることや思っていることが、あなたの頭の中できちんと言語化されていないからです。**

あなたの思いや意見が頭の中で「モヤモヤした状態」のまま放置されているので、急な質問に対してとっさに言葉が出てこない。それはつまり、コミュニケーションにおいて「何を言うか」がわからなくなっている状態といえるでしょう。

「何を言うか」にこそ〝あなた独自の視点〟がある

では、なぜ、キャッチコピーを作る過程で、「what to say（＝何を言うか）」を考えることが大切なのか。**なぜなら、「新しい視点」こそが人を魅了し、人を動かすからです。**

クルマのキャッチコピーを見た人に「そうか、これまで考えたこともなかったけど、クルマの魅力にそんな視点があったのか」と思わせられたら大成功です。その「独自の視点」こそがキャッチコピーを見た生活者をつき動かします。

それはキャッチコピーだけでなく、普段のコミュニケーションにおいても同じです。

先ほどの販促ポスターデザインの例を考えた際、３人の中でCさんだけが「独自の視点」を持っていました。そして、そんな**「独自の視点」を持った意見に、私たちはハッとさせられました。**

あなたが普段仕事をしていて、「この人の言うことは自分に新しい発見や気づきをくれるな」と感じた人に対して、自然と好意や尊敬の念が生まれた経験をしたことはきっとあると思います。

一方で、**「どう言うか」では「視点」そのものは変わりません。**同じ視点のことを言い方を変えているだけで、「新しい視点」を加えるためには、「何を言うか」そのものを考える必要があるのです。

あなたが「何を言うか」で、あなたの評価は大きく変わる。このことを理解していただけただけでも、本書を書いた意味はあると私は考えています。

もちろん、「how to say（＝どう言うか）」を考えることもコピーライターの大事な仕事です。レトリック表現や効果的に数字を使った表現など、さまざまなテクニックもありますが、本書ではその部分については割愛したいと思います。

なぜなら、さまざまな「伝え方」の本があの手この手で指南している「どう言うか」のアドバイスは、残念ながら、あなたの悩みを根本的に解決したり、あなたの評価を劇的に上げたりすることにはつながりづらいと考えるからです。

いかに上手に伝えるか。いかに魅力的に話せるか。それはそれで大事な技術ではありますが、あくまでコミュニケーションにおける最後の最後のテクニック論の話。「はじめに」でも触れましたが、あなたがいくらおしゃれな服を身に着け着飾っても、最後はあなたの中身が問われる。そんな感覚に近いかもしれません。

うまく話したり、伝えようとしたりする必要はないのです。周りの人が聞きたがっているのは、しっかりと言語化されたあなたの思いや意見。つまり「何を言うか」です。

ここまで、コピーライター的思考で言葉のコミュニケーションを「何を言うか」と「どう言うか」に分解し、「何を言うか」が何より重要だというお話をしました。

実は、昨今その重要性がますます高まっていると感じることがあります。それが新型コロナウイルスの影響による働き方の変化です。

会議、商談、プレゼン、文書作成……

“あなた独自の視点”が問われる時代

新型コロナウイルスによって、私たちの生活は一変しました。ウィズコロナという言葉とともに、働き方にも大きな変化が起こったことはあらためていうまでもありません。

今では新型コロナウイルスの流行状況に関係なくテレワークを導入する企業が増え、必然的にオンライン会議の回数が大幅に増えたのは、きっと私だけではないのでは、と思います。

そして、オンライン会議が日常の自然な働き方になった今、個人的に強く実感することがあります。それは、対面会議と比べて、会議参加者の関係性がよりフラットになったということです。

座席の上座、下座もありませんし、対面の会議と比べて肩書きや所属からこれまでより解放された中で議論が行えるようになった気がします。

私がよく参加している企画会議のようなものだと、これまでの対面会議では、年次や声、態度の大きな人のアイデアが採用されやすく、声の小さな新人のアイデアはどうしても軽視されがちな印象がありました。しかしオンライン会議では、よりフラットにアイデアの良し悪しをみんなが判断できるようになった気がするのです。

それはなぜだろう。自分でもその変化の理由をモヤモヤと考えていたのですが、自分なりにひとつの答えにたどり着きました。その答えとは、オンライン会議によって、より冷静に相手の発言を聞いたり、自分の発言ができたりするようになったからではないか、ということです。

たとえば、威圧的な上司が話していたとしても、上司はスクリーンの向こう側にいますので、一歩引いた目線で冷静に発言を聞くことができるようになりました。逆に、まだまだ経験の浅いメンバーも、過度にその場の空気を読むこともなく（空気を読もうとしても限界がありますので）、自分の意見を発言しやすくなったのではないかと思うのです。

だからこそ、**発言の内容自体がより重視されるようになった。**オンライン会議が増えることで、たとえ新入社員であっても、会議で的を射た発言ができれば「お、こいつの言うことはたしかにそうだな」と素直に受け入れてもらえる環境が生まれた。

しかし、その逆もしかりです。自分の思いや意見をうまく言語化できずモゴモゴしてしまったり、うまく言葉が出ずに雰囲気で誤魔化そうとしたりすると、対面の会議以上に聞き手をガッカリさせる可能性が高まったともいえるでしょう。

つまり、その場で「何を言うか」という言語化力が、より試される時代になったということだと思います。

幸か不幸かはわかりませんが、今後ますます言語化力が求められる時代になることは間違いなさそうです。そして、本書を手に取っているあなたは、そのことに自然と気づいている方なのだと思います（素晴らしいと思います）。

会議で突然の質問になかなか言葉が出てこない。商談で自分でも何を話しているのかわからなくなる。もしくは、企画書に書く言葉が出てこない。

日々の仕事における言葉への苦手意識や悩みが解決されることで、あなたに対する周囲からの評価を劇的に変え、あなた自身もより前向きに楽しみながら仕事に取り組めるようになる。そのことは、私が自信を持ってお約束します。

ここまで読まれたあなたは**「仕事において言語化力が大切なのはわかった。でも、言語化ができないから困ってるんだよ」**と思われたかもしれません。

安心してください。次章では「なぜ人は言語化がうまくできないのか」、その根本的な原因を解き明かすとともに、「どうしたら言語化ができるようになるのか」を明らかにしていきます。

CHAPTER2

どうしたら「言語化」できるようになるのか？

朝、あなたは家を出ました。
最寄りの駅までいつもどおり歩いています。

さて、あなたはどんなことを感じましたか?

「いや、特に何も感じていないよ」と思いましたか?
いえ、あなたは日常の中で確実に何かを感じています。

実は人は「何も感じていない」のではなく、
「感じていることはあるのに、自分でも気がついていない」だけなのです。

まずはこのことを認識することが
言語化力を身に付ける第一歩です。

では、その「無意識に感じていること」は
いかにして言葉にできるのか。

その「仕組み」をお話ししていきましょう。

言語化力は「誰もが」磨くことができる

さて、第1章では「どう言うか」より「何を言うか」が大切になってきていること。そして「何を言うか＝言語化力」を磨くことの大切さについてお話ししてきました。しかし、「そんなことを言われても、どうすれば言語化力を身に付けられるのかわからない……」。きっと、そう思われた方がほとんどだと思います。

まず最初に安心していただきたいのは、どんな方でも、必ず言語化力は磨くことができる、ということです。私もコピーライターという仕事をする前は、特に文才があったわけでも、何かを書くことが取り立てて得意だったわけでもありません。

幼い頃から緊張しいであがり症だった私は、人前で話をするという点においては、むしろ非常に苦手意識を持っている人間でした。ユーモアを交えながら面白おかしく話をしたり、聞いている人が思わず引き込まれるような感動的なトークをしたりすることが得意な人もいれば、苦手な人もいる。そこは、幼い頃から育まれたその人自身の性格によるところも大きいでしょうし、大人になって急にできるようになるわけでもありません。

しかし、**「上手に話ができること」と「言語化できるようになること」はまったく違います。**ここはとても大事な部分です。話のうまい下手は「どう言うか」の部分であり、言語化できるかどうかは「何を言うか」の部分だからです。

たとえ、私のように人前で話をすることに苦手意識があったとしても、自分の中できちんと言語化できていれば、とっさに何を聞かれても、何かしらの自分の「思い」や「意見」を話すことはできます。

そのときに、緊張でちょっと言葉に詰まってしまったり、たどたどしい話し方になってしまったりしてもまったく問題ありません。**相手の人は、あなたの上手な話し方を楽しみにしているわけではなく、あなたが何を言うのか、という発言の内容について**

期待をしているからです。

そして何より大事なのは、繰り返しになりますが、「何を言うか」という言語化力は誰でも必ず磨くことができるということです。実際に本書のトレーニングを実践した方々から、

「必要なときに必要な言葉が〝瞬時に〟出てくるようになりました」
「自然と言葉が溢れ出てくるようです」
「『自分らしい言葉』で話せるようになって、話を納得してもらいやすくなりました」

といった、喜びの声をいただいています。

何より、昔から思いを言葉にすることが苦手だった私でも、プロのコピーライターとして働いていけるくらいには言語化力を習得することができました。もちろん私の場合は、言語化力を磨かなければ、そもそもコピーライターとしてやっていけないと

いう環境に置かれたことで、少しずつその力を磨くことができたという経緯はあります。

でもそうだとしたら、コピーライターという職業につかないと言語化力は身に付かないのか？　そんなことはまったくありません。答えは簡単です。「言語化力が磨かれる環境」を自分でつくってしまえばいいのです。何も職業を変える必要はありません。

ただし、環境を変えると言うのは簡単ですが、実際にやろうとすると結構大変ですよね。最初は気合を入れて何か新しいことに取り組み始めても、結局三日坊主で終わってしまったり、途中で挫折してしまったり。かくいう私も、ついついそうなりがちです。

ですので、本書では、コピーライターとして働いてきて得られた知見を活かして、なるべく簡単に、時間や負担をかけずに、自然と言語化力が身に付く方法をお伝えしたいと思っています。その方法を実践していただければ、言語化力は才能のある特別な人だけが持つ力ではなく、誰でも磨くことのできる力だということを必ず実感してもらえるはずです。

さて、言語化力が身に付く具体的な方法は第3章でお話しさせていただくことにして、その前に、なぜ「何を言うか」がパッと言葉にできないのか。言語化することがつい難しいと感じてしまうのか。**人が言語化することが苦手な根本的な原因**について、一緒に考えてみたいと思います。

もちろん、いきなり第3章のトレーニングから入っていただいてもいいのですが、「そのトレーニングでなぜ『言語化力』が磨かれるのか」、それがわかった上で取り組むことで、きっと効果も変わってきます。それに、原因がわかるということそのものが、あなたの悩みの半分を解決してくれるといっても過言ではないでしょう。

人は無意識に「多くのことを感じている」

人は、なぜ言語化が苦手なのか。その原因を探るために、再びあなたを主人公とした架空会議を開催してみたいと思います。

私が働いている広告業界には、仕事の最初に「オリエン」と呼ばれるステップが存在します。クライアントから、広告に載せたい商品の概要やコンセプト、ターゲット、そしてクライアントが考えている広告戦略などを聞くものです。私たちはそのオリエンの内容をもとに、どんな広告コミュニケーションを行っていけばいいかを考えるわけです。

そして、オリエンを受けたあとは、たいていの場合、社内でキックオフ会議が開かれます。キックオフ会議の進め方や雰囲気は業界や業種によって違ってくるのだと思いますが、私のいる業界では、最初の会議から一直線に答えに向かうような議論はあまり行いません。最近生活をしていて感じることや疑問、オリエンを受けた商品の周辺で普段感じる自分の思いや意見などを、みんながざっくばらんに言い合うことが多いです。会議の参加者は特に事前に何かを調べたり、詳細な企画を考えたりしてきているわけではない場合が多いので、キックオフ会議の時間は、まさに自分の思いや意見の言語化が試される時間でもあるのです。

では、あなたも私が普段出席しているキックオフ会議に一緒に参加したつもりで、この先を読み進めてみてください。

架空会議

架空会議・社内キックオフ会議編

クライアント：ビール会社
オリエン概要：新商品ビールの新しい年間キャンペーンを提案
会議参加者：あなた含め6名程度

さぁ、オリエンを受けて、最初の社内会議が始まりました。会議参加者のひとりが早速口火を切ります。

「そもそも、最近ビール飲んだのいつですか？」

すると、他の参加者も話に加わります。

「僕はほぼ毎日家で飲んでますよ。お風呂上がりに」
「へえ！　私は家じゃ全然飲まないかな」
「私の場合、ビール自体をあまり飲まないですね」

などなど、各自が自由に自分のビール事情を話し始めます。

そこから議論は少しずつ深まっていき、会議のテーマが「若者のビール離れ」に変わっていきました。そこで、あなたにも急に話が振られます。

「○○さんは、なんで最近の若い人たちはビールを飲まないと思う？」

さぁ、もしこの質問が飛んできたら、あなたはどう答えますか？

さて、この急な質問にあなたがパッと何かを答えられたら、普段から言語化が自然とできている方なのではと思います。逆に、パッと答えが浮かばなかったら、言語化力をもっともっと伸ばすチャンスがある。ぜひそう考えてください。

このように、とっさに意見を求められたとき、何を言っていいかわからず、つい黙り込んでしまう。もしくは「そうですよねぇ……」と苦笑いしながら言葉を濁してしまう。そうすることで会話がストップして会議に沈黙が流れてしまう。気づけばじっとりと嫌な汗をかいてしまう。できれば避けたい時間ですよね。この嫌な時間はなぜ起こってしまうのか。なぜパッと言葉が出てこなかったのか。そこにこそ、言語化ができない本質的な原因が隠れています。

その本質的な原因を探るために、再び先ほどの架空会議に話を戻してみましょう。この会議においては、あなたがビールを飲むか飲まないかはあまり大事なことではありません。

ビールを飲む人の意見も、飲まない人の意見も、どちらも大切な意見だからです。**ここで大事なポイントは、あなたがビールを飲む飲まないにかかわらず、普段からビールに対して「必ず何かを感じているはずだ」ということです。**

もし、あなたがビールが大好きで、毎晩飲んでいるとしたら。なぜ毎晩ビールを飲みたいと思ってしまうのか。どんな瞬間にビールのことを思い出すのか。一口目のビールを飲んだ瞬間に何を思っているのか。他にも、ビールに関してたくさんの何かを感じているはずです。

逆に、あなたが普段まったくビールを飲まないとしたら。そもそも、あなたはなぜビールに惹かれないのか。飲み会で周りがビールを飲んでいる姿を見てどう感じているのか。どんなきっかけでビールを飲まなくなったのか。などなど、ビールに対するさまざまな思いをきっと抱えているはずです。

多くを感じているのに、それに「気がついていない」

では、先ほどの会議で質問された「若者のビール離れ」について、もう少し深掘りしてみましょう。あなたは生活の中で、若者がビールに接している（もしくは接していない）場面にきっと遭遇しているはずです。

たとえば、たまたま居酒屋で隣の席になった大学生４人組が、誰もビールを飲んでいない様子を見かけた場面かもしれない。

もしくは、夜ご飯を一緒に食べた社会人一年目の後輩が、一杯目にビールを頼んだ場面かもしれない。

それとも、帰宅する際に通ったコンビニの前で、缶チューハイを飲みながらまったりと話している若者たちの姿を見かけた場面かもしれない。

こういった例を出すと、こんな風に思う方が多いと思います。

「いや、そんな場面、いちいち覚えてないよ」
「そんな場面に遭遇しても、何とも思わないよ」

実は、ここが盲点なのです。
たしかに、あなたが好きな趣味をしていて楽しいときや、彼氏・彼女に振られて悲しいときほどの大きな感情の揺れが起こっているわけではありません。しかし、こういった日常の中でも、**人は「何も感じていない」のではなく、「感じていることはあるのに、その解像度が低すぎて自分でも気がついていない」だけなのです。**

事実として、ほとんどの人が、自分が普段の生活の中で感じた無意識の気づき、違和感、疑問を、いちいち言語化しません。そんなことをやっていたら、面倒臭いし、疲れるし、大変だからです。

では、「言語化ができる人」と「言語化ができない人」の差はどこで生まれるのか？まずは、「日々の何気ない日常の中でも、自分は必ず何かを感じている」という事実に、気がつけるかどうかです。**「気がつく」だけで、言語化できるようになるかの50％は決まるといっても過言ではないでしょう。**

先ほど例に挙げた「若者×ビール」に関するいくつかの場面に遭遇したときも、あなたはきっと何かを感じているはずです。ただ、感じたことが頭の中ではっきりと言語化されていない。だからこそ、自分が感じていることを自分でも気づいていないのです。

たとえば、テーブルで隣になった若者たちが誰もビールを飲んでいない様子を見かけた瞬間、人は何を感じるのか。試しに言語化してみたいと思います。

「若者って本当にビール飲まないんだな」
「乾杯する行為自体は今の若者も変わらずやってるんだな」
「今の若者にとっては、ハイボールがビール代わりなのかな」
「今の若者はお酒自体を飲まないと聞くけど、そんなことはなさそうだぞ」

他にもたくさんあるかもしれませんが、こうやってひとつひとつ言語化してみると、自分が一瞬のうちにたくさんのことを感じていたことにきっと驚くと思います。そして、言語化することで初めて、自分が感じたことを理解できるようになるのです。

感じたことの99%は「無意識下」に追いやられる

このように、あなたは普段の生活の中で無意識にさまざまなことを感じたり、気づいたりしています。ですが、それをいちいち言語化していない。

だから、**実際は多くのことを感じているのに、そのほとんどがモヤモヤした無言語の状態で頭の奥にそっと記憶されていき、そのまま「無意識下」に放置されているのです(図表5)。**

そして残念ながら、そのままでは自分自身でも何を感じたか理解していません。そんな状態ですから、自分が感じたことを自分ならではの思いや意見として誰かに伝えたり、理解してもらったりすることは不可能なのです。

そのモヤモヤを自分でも理解し、誰かに伝えられる状態にする行為こそ、「言語化」

図表5 「感じたこと」のほとんどは"無言語のイメージ"のまま

なのです。

もうひとつ、私の仕事上の経験から、人は言語化することがいかに苦手かをお話ししてみたいと思います。

コピーライターの仕事のひとつに、企業の経営者やプロジェクトマネージャーにインタビューをして、その内容を的確な言葉にまとめる仕事があります。

その言葉は、ときに企業のビジョン・ミッション・バリューになったり、企業や商品のスローガンになったりします。そういう案件に携わっていて強く感じるのが、自分の思いや意見を自分で言葉にすることがいかに難しいか、ということです。

経営者やプロジェクトマネージャーには、自分の会社や仕事を通してこんな世界をつくりたい、こうやって社会に貢献したいという強い思いがあります。その思いをインタビュー相手の私にいろんな言葉を使いながらあの手この手で伝えていただくのですが、ズバッと核心をつく言葉で伝えられる方がそう多くないのかもしれないと感じています。

ここで勘違いしていただきたくないのが、インタビューさせていただいた経営者やプロジェクトマネージャーが言葉を苦手にしているわけではない、ということです。

経営者であれば、普段から社内やさまざまなメディアで自分の思いを言葉にしてお話しする機会は多いと思います。プロジェクトマネージャーであれば、チームメンバーに常日頃から自分の考えを言葉にして伝えているはずです。つまり、日常的に言葉を使って社内外に自ら発信している立場であったとしても、自分の伝えたいことを的確に言語化することは思いのほか難しいのです。

では、なぜ難しいのか？　その理由のひとつは、自分が本当に伝えたいことを自分でも的確な言葉に落とし込めていない状態だからだ、と私は思います。

会社やプロジェクトのビジョンについて誰よりも考えているからこそ、その分だけいろいろと思考を巡らせます。その中で自分の頭の中ではイメージができ上がってはいくけれども、そのイメージを言葉にした瞬間になぜか自分でもしっくりこない。しっくりくる言葉にできないから、自分が伝えたいことを相手にも伝えられない。

そこに悩みを抱えている方が、経営者やプロジェクトマネージャーにも多いのではないかと感じるのです。

そんな方々と日々向き合いながら、なぜコピーライターはその思いを的確な言葉にまとめ上げることができるのか。

実は、そこに、言葉に対する悩みを解決し、言語化力を身に付けるヒントがあるのではないかと思うのです。

99%の無意識を「意識下」に持ってくるには？

ここで少し、コピーライターが普段どんな作業をしているのか、という話をさせてください。特に新人のコピーライターは、所属している組織やフリーランスにかかわらず、ほぼ全員がコピーライターの先輩たちから「いいから、まずはとにかくコピーを書いてみよう」というアドバイスをもらいます。

それってそもそもアドバイスなんだろうかと思いませんか？　たとえば、ある部署に新人が入ったら、まずは基本的な仕事のルールややり方について先輩から教えてもらうのが一般的ではないでしょうか。もし業務上で社内のシステムを使用する必要があれば、まずはその基本的な使い方を先輩から教わった上で、自分なりにマスターしていくのが通常の流れなのではないかと思います。

しかし、コピーライターは、基本的にコピーを書くルールややり方について先輩から手取り足取り教わることはまずありません。加えて、パワーポイントやエクセルのようなパソコンの基本的なスキルは今では学校でも教えてくれますが、コピーライティングについて学校の授業で教わることはまずありません。

多くのコピーライターが、社会人になって、コピーライターという肩書きをもらって、初めてコピーライティングについて学ぶわけです。

ここまで新人コピーライターの話を聞いて、コピーライターの教育システムって、すごく非効率だなと思われたのではないでしょうか。たしかに、そういった一面があることは否めません。

しかし、この「とりあえず書いてみる」という行為こそが、実はどんな人でも言語化力を身に付けることができる、非常に大切なトレーニングでもあるのです（という私も、今でこそそう思えますが、当時はその大切さも理解できずに本当に苦労しました……）。効率が求められるこの時代、一見無駄に思えるその時間の中にこそ、言語化力が自然と磨かれていくヒントが隠されていると私は考えます。

〝メモ書き〟が「無意識の思い」を言葉にしてくれる

ではなぜ「とりあえず書いてみる」ことが、言語化力を身に付けることにつながるのでしょうか。

「仕事として毎日コピーを書いていたら、最初はどんなに素人でもさすがに言語化力は身に付くでしょ？」と思う方もいるかもしれません。おっしゃりたいことはわかります。

ですが言語化力を身に付ける上で大事な行為は、「とりあえずコピーを書いてみる」という行為では決してありません。**大事なのは、自分が考えたことを「とりあえず書き出してみる」という行為なのです。**

でも、なぜそう言い切れるのか。

その理由について、「書き出すことで言語化力が磨かれる脳の仕組み」を自分なりに考え、あらためて整理してみました。ここからお伝えすることは、あくまで自分の経験をもとにした仮説です。もちろん、私は脳科学者ではありません。あくまで私が普段の仕事を通じて感じている言語化の流れを、よりわかりやすくイメージしていただくためにまとめたものになります。ですが、なぜ「とりあえず書き出してみる」ことが言語化力につながるか、その理由が少しはご理解いただけるのではないかと思います。

「とりあえず書き出してみることで言語化力が磨かれる」過程には、図表6のように6つのステップが存在していると感じます。ここからは、そのステップをひとつずつお話ししていきます。

①「思い」のほとんどは頭の中で言語化されていない

どんなテーマでも構いませんが、あなたがある物事に対して抱いている「思いや意見」は、そのほとんどが言葉にならない漠然としたイメージとして脳の中に蓄積され

図表6 なぜ「メモ書き」で言語化力が磨かれるのか?

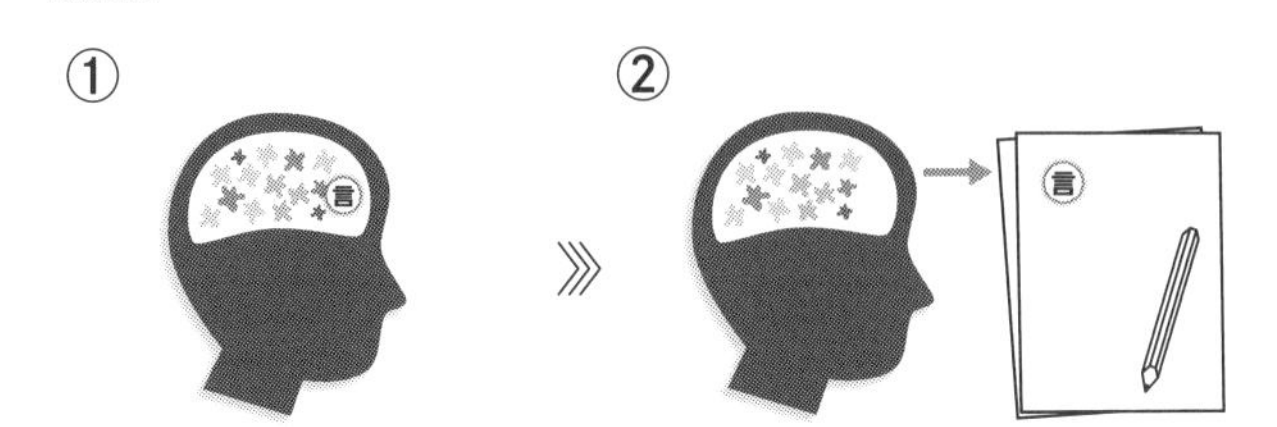

あるテーマに対する自分の「思いや意見」は、脳の中でほんの一部しか「言葉」の状態になっていない。
大部分は漠然とした「イメージ」の状態。

ほんの一部の「言葉」を、いったんメモに書き出してみる。
→脳内から切り離して、ほんの少しだけ「言葉」になっていた自分の「思いや意見」を客観的に見る。

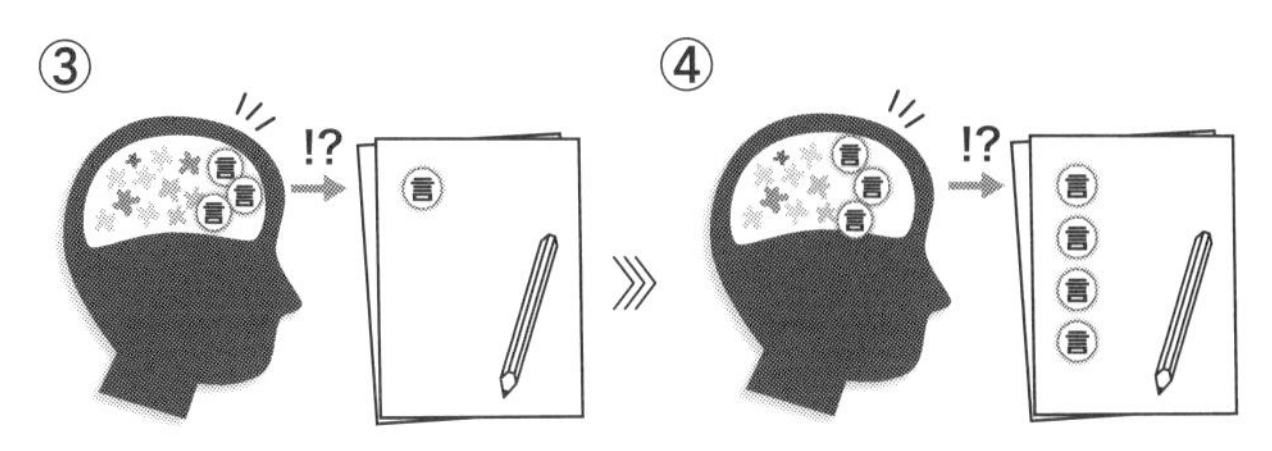

客観的に見た「言葉」がトリガーとなり、その「言葉」から連想される自分の中にあった漠然とした「イメージ」が、自然と言語化される。

追加で言語化された「言葉」を、さらにメモに書き出す。
追加で書き出した「言葉」から連想される自分の中にあった漠然とした「イメージ」がさらに言語化される。

メモの上に言語化された、自分のさまざまな「思いや意見」を、「言葉」の状態であらためて再認識する。

自分のさまざまな「思いや意見」が、言語化された状態で脳内にストックされていく。
＝言語化力のある状態

ています。言葉になっているのは、ほんの一部。残りは言葉にならない状態で、無意識下に置かれているといってもいいかもしれません。

だから、意識しなければ、無意識に感じていた「思いや意見」を思い出すこともありませんし、言葉にして誰かに伝えることもできません。

②頭の中にあるほんの一部の「言葉」を、まずは書き出してみる

そこで、あなたが無意識に感じていたさまざまな「思いや意見」の中で、ほんの一部だけ「言葉」になっているものを、まずは書き出してみます。自分の思いや意見を、自分の脳内からいったん切り離して、客観的に眺めてみるようなイメージです。

実は、ここが非常に重要なポイントです。この工程を頭の中だけで行うことは非常に難しいからです。物理的に書き出したものを見ることで、より客観的に、より効率的に自分の思いや意見とあらためて向き合うことができるようになります。

③書き出された「言葉」がトリガーとなり、「無意識の思い」が言語化される

書き出すことで自分の脳内から切り離した「思いや意見」は、自分がこれまでに無意識に感じていたことを言語化するトリガーになってくれます。書き出した言葉をきっかけに、そのときに具体的にどう感じたのか、なぜ自分がそう感じたのかなどが、まるで連想ゲームのように自然と言語化されていきます。

まず書き出してみた言葉が、自分の思考を深め、無意識に感じていたことの言語化を進める道しるべになってくれるのです。

④言語化された「無意識の思い」をさらに書き出す

そうやって脳内で追加で言語化された「思いや意見」を、再び書き出していきます。そうすることで、あなたはさらに自分の思いや意見を客観的に見て、気づくことができるようになります。これを繰り返していくことで、あなたが無意識に感じていたこ

との言語化が芋づる式に次々と進んでいきます。

⑤追加で書き出された「言葉」が再度トリガーとなる

そうやって目の前に書き出されたさまざまな言葉。それらは、漠然としたイメージとして脳内に眠っていた、あなたが無意識に感じていた思いや意見、その理由の数々です。それらをあらためて「言葉」の状態で、あなたは再認識することができます。

⑥「思い」が言葉の状態で大量にストックされる

そうすることで、脳内には、無意識に感じていたことが「言葉」の状態であらためてストックされていきます。その状態になれば、たとえ誰かに急に意見を求められたとしても、パッと言葉で返すことができるようになります。その状態こそが、「言語化力のある状態」といえると私は考えています。

いかがでしょうか？　書き出してみることで言語化力が磨かれる理由について、少しでもイメージが湧いてきたと感じていただけたらとても嬉しいです。

先ほどもお話しさせていただきましたが、言語化力を磨く上で一番重要なポイントは「とりあえず何かを書き出してみることで、一度客観的に自分の思いや意見を知る」という点です。

あなたが感じていることのほとんどは、言葉ではなく漠然としたイメージとして脳の中に眠っています。ですので、とりあえず言葉にできるもの、とりあえず書き出せるものは、あなたが無意識に抱いている思いや意見のうちの氷山の一角でしかありません。

そして、具体的にどう感じたのか、なぜ自分がそう感じたのかなど、その深い部分まではすぐには言語化することができません。

でも、その深い部分にこそ、あなた独自の「思いや意見」が詰まっています。誰かに伝えるときも、それがあることで、より説得力が生まれるはずです。

だからこそ、とりあえずひとつ書き出してみて、今まで言語化されていなかった深い思いや意見を言語化するきっかけをつくり出すこと。その工程が非常に大事だと考えています。そして、その工程を頭の中だけで行うことはとても難しいのです。

ここまで少し概念的な話が続きましたので、ひとつ具体的な例を挙げて一緒に考えてみたいと思います。

たとえばあなたが、隣の席の後輩からチェックを頼まれた報告書を読んでいたとしましょう。目を通していくと、何か引っかかる。違和感がある。でも、その原因が何かははっきりとはわからなくて、「うまく言葉にできないいんだけど、ここの部分がなんかしっくりこないんだよね」としかアドバイスできなかった。そんな経験はないでしょうか。

「何か違う」と感じている自分には気づいても、なぜ自分が「何か違う」と感じたのかまで頭の中で「言葉」にすることは案外難しいものです。

ところが、もしも後輩へのアドバイスをメールで送るとしたらどうでしょう。メールの場合は、自分が感じた違和感の理由まで「言葉」にする必要があります。「作ってもらった資料、なんかしっくりきません。以上。」だけだと、さすがにアドバイスにもなりませんので。

そこで、資料を読んだときの違和感の理由まで、メールを書きながら自分でも整理しようとする。そうやって書いて言葉にしてみることで、自分が「何か違う」と感じた理由に自分自身でも気づいていく。

もしかしたら、あなたもそんな経験があるのではないでしょうか？

先ほどお伝えした「とりあえず書くことで、あなたの中に眠っていた無意識に感じていることが次々と言語化できるようになる」という意味は、まさにそれです。ここで書いた「次々と言語化できる」とは、もう少し丁寧にいうと、自分が無意識に感じている「思いや意見はもちろん、その理由までちゃんと言葉にできる」ということなのです。

そのためには、繰り返しになりますが、書き出すことが非常に効率がいい。自分が無意識に感じていることを言葉にして、その理由まで全て頭の中だけで深掘りしていくと、途中で整理ができなくなって収拾がつかなくなることが往々にして起こります。挙句の果てには考えることを放棄してしまう。

しかし、とりあえず書き出していけば、自分が感じたことを順を追って整理できますし、なぜそう感じたのかまでどんどん言語化できるようになるのです。

さらに、書き出すことで無意識に感じていたこと、自分の中のモヤモヤが目に見える形で整理されることに加えて、もうひとついいことがあります。

自分の頭の中で眠っていたさまざまな思いや意見、その理由を書き出してみて、一度ずらりと「言葉」の状態で眺めてみる。そうすることで、自分にとって特に大切にしたい思いや意見がどれなのかにも、あらためて気づくことができるようになるからです。「この意見はわりと普通だな」とか「これは他の人は気づいていない視点かもしれない」など、自分の思いや意見に優先順位をつけることもできるようになります。

そのことが、あなたの発言やあなたが書く文章をより魅力的なものにしてくれるはずです。

このように、「とりあえず書き出してみる」という行為は、自分が無意識に感じていたことや、そう感じた理由を言語化するための近道なのです。

無意識を言葉にした「量」が、言葉の「速さ」を生む

第3章で紹介する「言語化力トレーニング」は、「メモ」を制限時間内に素早く書いていくトレーニングです。詳細は後述しますが、

「なぜ自分はこの仕事がしたいのか?」
「今のチームに足りない点は何か?」
「街中のポスターを見て、どう思うか?」

など、普段から、ありとあらゆるテーマの「問い」を自分に投げかけ、それに対して自分が「無意識に感じていること」を、メモに書いて次々と言葉にしていきます。

いわば、**人から意見を求められたときの「予行演習」をするようなイメージ**で、こ

れを毎日の習慣にし、自分（の思いや意見）を知っていきます。

「瞬時に言葉にできる」状態とは、この「無意識の言葉化」のストックがたくさんある状態だと本書では考えています。

普段から「自分がどう感じているのか」を言葉にしていく。特定のテーマではなく、ありとあらゆるテーマについて言葉にしていく。

あなたならではの思いや意見が言葉の状態で頭の中にたくさん蓄積されることで、たとえば会議でどんな角度の質問が飛んできても、すぐに意見を述べることができるのです。すなわち「量」が「速さ」を生み出していきます。

だからこそ、いかに日頃から言語化する習慣を身に付けられるか。日頃から言語化できる環境を意図的につくれるか。そこが一番の鍵になってきます。

普段から「無意識の言葉化」のストックを増やすことで、瞬時に言葉にできるようになる。

言葉の「速さ」は、言葉の「深さ」にもつながる

このことに加えて、**本書の「言語化力」トレーニングでは、メモを書く際に制限時間を設けることで、さらに「スピード」を追求していきます。**具体的には**制限時間を2分**と設定しています。

たとえば、先ほどの「なぜ自分はこの仕事がしたいのか？」という「問い」を立てたとして、ダラダラと自分の「思いや意見」を書いていては、なかなか思考が深まっていきません。

ある程度、集中して書き出す環境をつくることで、自分でも気づいていなかった、

あなたが無意識に感じていた思いや意見と出会うことができるのです。

さらに、そうして言語化された言葉には、深みが生まれます。

ここで、「そもそも、深い言葉とは何か」をおさらいしましょう。それは、先ほどお伝えしたとおり、**言葉の中に「新しい気づき」があるかどうか**です。

「あぁ、そこに気づくなんて、この人はなんて鋭いんだ」

あなたも上司や同僚に対して、そんな風に思った経験があるでしょう。「新しい視点」こそが人を魅了し、人を動かすのです。

そして、**あなたが「無意識に感じていること」には、あなただけのオリジナルな考えが詰まっています。**なぜなら、あなたとまったく同じように生まれ、まったく同じように育ち、まったく同じ環境で生きてきた人は、あなた以外にいないからです。

あなたが「無意識に感じていること」には、あなただけのオリジナルな人生経験が強く反映されます。そこにはあなたの「独自の視点」に溢れた思いや意見が多数存在するのです。

ですから、この**「無意識に感じていること」を次々に言葉にしてストックを作るということは、結果的にあなたの「独自の視点」に溢れた「深い言葉」をたくさんストックすることになるということ**です。

あなたがもし、今時点で「自分は平凡な意見しか言えない」と思っているとしたら、そんなことは決してありません。あなたは「平凡な意見しか持っていない」のではなく、本当は「独自の視点」を持っているのに、それに気づいていないだけなのです。

さて、ここまでお話ししたところで、第2章は以上です。

次の章では、いよいよ本書の「言語化力トレーニング」の具体的なやり方をご紹介しましょう。

CHAPTER3

瞬時に「言語化」できるようになるシンプルなトレーニング

今、あなたの目の前には
白紙の「A4コピー用紙」と「ペン」があります。
そして、「A4コピー用紙」には

「理想の上司に必要なことは何か?」

と書いてあります。

さぁ、この問いに対して
「あなたは、どう思うか?」
「なぜそう思うのか?」
を書けるだけ書いてください。

制限時間は2分です。

これが本書の「言語化力トレーニング」です。

具体的にどう進めればいいのか?
そのやり方をご紹介していきましょう。

「習慣」としての言語化力トレーニング

第1章では「言語化力がいかに重要か」を、第2章では「言語化力はどうしたら身に付くのか（そして、その方法がなぜ「書き出してみること」なのか）」を解説してきました。

ここまでご理解いただいたところで、いよいよ第3章では「メモ書き」を使った「言語化力トレーニング」について、その具体的なやり方をご紹介していきます。

ところで、「トレーニング」と聞くとちょっと尻込みしてしまう方もいらっしゃるかもしれません。

「この本を読めば、言語化力はすぐにでも身に付くんじゃないのか」

「読む前に期待していた内容と違う」

もしあなたがそう思われたら、申し訳ありません。本書は、そのような読めば一朝一夕で変われる本ではありません。そもそも「本を読み終わった途端に『言語化力』が身に付く」と謳う本があったら、それは嘘ではないかと思います。なぜなら**「言語化力」とは「能力」**だからです。

たとえば、前述した「伝え方」であれば、「すぐに身に付く」はあり得るかもしれません。いつもの言葉の前に少し言葉を加えたり、言葉と言葉の順番を変えたりするだけで、印象は変わるからです。「伝え方」は「能力」というよりは「技術」だと思います。

では、これが「考える力」だったらどうでしょうか。普段からあなたの「脳そのもの」を鍛える必要があるはずです。「考える力」は「技術」というよりは「能力」になるでしょう。

「言語化力」は「考える力」と同じです。「言葉が瞬時に出てくる」状態というのは、そのように「脳が訓練された状態」です。だからこそ、「言語化力」を本当に鍛えようと思ったら、脳のトレーニングをして、ご自身の「能力」そのものを高める必要があるのです。

では、「言語化力」を身に付けるには「何か月も、何年も」かかってしまうのか。そんなことはありません。本章でご紹介する「言語化力トレーニング」を、まずは「2週間」やってみてください。そうすれば、「言葉が瞬時に出てくる自分」に気がつくようになるでしょう。**早い人であれば、「数日で」効果を感じられる人もいます。**

ただし、このトレーニングは、ぜひ「毎日の習慣」にしてほしいと思います。**「1日メモ3枚、計6分程度」**で大丈夫です。最終的な「量」は大事ですが、数日で一気に「量」をこなそうとするのではなく、**「毎日少しずつ」を習慣として続けることによって、最終的な「量」に十分到達することができます。**

瞬時に言語化できるようになる「メモの書き方」

ここからは本書の「言語化力トレーニング」の具体的な方法について、お話ししていこうと思います。

①Ａ４コピー用紙を「縦に」使用する

まずは、このトレーニングに使用するメモについてです。メモの種類に関して絶対にこれがいい！という決まりはありません。ですが、私がおすすめしたいのは、どこにでもあるまっさらな「Ａ４コピー用紙」です。それはなぜでしょうか。**理由のひとつは、「書ける範囲の大きさ」**です。

メモと聞くとポケットに収まるような小さなメモ帳を想像されたかもしれません。

ですが、このトレーニングの肝は、あくまで頭の中のモヤモヤを「書き出す」ことです。小さいメモですと、どうしても書ける範囲が狭くなりますし、書き出せる量にも限界があります。

さらに気持ちの問題かもしれませんが、小さく狭いメモ用紙を前にすると、「無意識に感じたことを言葉にする範囲」まで限定してしまう気がするからです。まっさらなＡ４コピー用紙を前にしながら、文字の大きさなどにあまりこだわらずにどんどん書き出してみてほしいと思います。

もうひとつ、Ａ４コピー用紙をおすすめしたい理由は、**いい意味で雑に扱えるから**です。もちろん、装丁のしっかりしたノートなどを使うことを決して否定はしません。ですが、余計なお金がかかってしまいますし、何よりちゃんとしたノートを使うことで、ついちゃんとしたことを書かないといけないのではないか？という余計なプレッシャーを感じてしまい、思いのままに書き出すことを躊躇してしまうことも考えられます。

このトレーニングでは「書き出す内容」に正解や不正解はありません。あなたが書き出した言葉全てが、あなた自身の思いや意見と必ずつながっています。
繰り返しになりますが「書き出す」という行為が一番大切ですから、むしろA4コピー用紙のように「雑に扱えて、いつでも気にせず捨てられる」ようなもののほうが、何も気にせずにスラスラと書き出していけると考えています（図表7）。

実際に私もコピーを書くときは、まずは「まっさらなA4コピー用紙」に思いつくままに書くようにしていますし、周りのコピーライターの方を見ても「ちゃんとしたノート」にコピーを書く人はほとんど見たことがありません。**きっと、「考えたコピーを記録しておくため」というより、「コピーを書きながら自分の思考を深めていくため」に書き出しているからだと思います。**

さて、ここまでお話しして、「なぜ『縦』なの？」と思う方も多いでしょう。それについては、②以降のルールと関わってきますので、詳しくお話ししていきます。

図表7 メモは「A4コピー用紙」がおすすめ

○

A4コピー用紙
→思いつくままに自由に気兼ねなく書き出せる

×

小さなメモ帳
→書き出せる量が限定的。
思い出す内容まで限定されそう

×

ちゃんとしたノート
→ちゃんとしたことを書き出さないといけないという無駄なプレッシャーが生まれる
（もちろんコストもかかる）

②一番上に「問い」を大きく書いて四角で囲む

Ａ４コピー用紙ですが、**「１枚にひとつの問い」**をルールにしてトレーニングに取り組んでもらいたいと思います。

このトレーニングの肝は、自分の中に眠っている「モヤモヤした思いや意見」を言語化して書き出すことです。その時間は、まさに自分自身と深く向き合う時間。自分で自分に「自己取材」するようなイメージです。

ですので、ひとつの決めた「問い」に関して、自分はどう感じるか。自分はどんな意見を持ったか。自分自身に丁寧に聞いていき、言葉に書き出していく。そんな時間だと考えてください。

だからこそ、いろんな「問い」があると、気が散ってしまい、思考がなかなか深まらない。自分の中にある言語化されていない思いや意見に気づくことはそう簡単ではありませんので、ぜひひとつの「問い」に集中して取り組んでみてください。

次に、ひとつの「問い」を決めたら、それをＡ４コピー用紙の一番上に書きましょ

理想の上司に必要なことは？

う。そのときに、**できるだけ大きく書くのが大切**です。

さらに、書いた「問い」を四角で囲んで目立つようにしてください。自分は今何の「問い」について言語化しようとしているのかを常に見失わないためです。

思考が深まっていくと、ついつい「問い」を見失ってしまって、全然違うことを考えてしまう、なんてことも往々にして起こります。この点について、もう少しだけ具体的にご説明します。

たとえば、「理想の上司に必要なことは？」という問いを立てたとしましょう。その上で自分がこれまで見てきた素敵な上司の対応を思い浮かべながら、「チームメンバーの意見を聞く」と書き出してみる。そうして書き出した言葉と向き合いながら、「相手の意見を否定しない姿勢も必要だ」と気づきます。

そうすると、昨日の会議で、自分自身が部下の意見を真っ向から否定してしまった光景がフラッシュバックして、つい落ち込んでしまう。「ああ、あの部下はあのときどう感じていただろうか……」と不安と後悔の気持ちが生まれてくる。そして、次に会ったときにどう声をかけようか、なんてことを考え始めてしまう。

どうでしょう？　この思考の流れ、いかにもありそうだと思いませんか？　もちろんそれはそれで大切なことだと思いますが、この時間で考えるべき問いはあくまで「理想の上司に必要なことは？」です。自分の部下に次に会ったときにどうフォローするかを考える時間ではありません。

このように、自分の記憶をたどっていったり、「自己取材」を進めていったりすると、ついつい思考がわき道にそれてしまい別のことを考え始めてしまう。そんなことは、よく起こります。

ですので、ひとつ決めた「問い」を、A4コピー用紙の一番上に大きく書き出すことで、今取り組んでいるトレーニングで「何を言語化しようとしているのか」を常に意識することが大切なのです。

③メモを2分割して「思考」と「理由」に分ける

次に、用紙の真ん中に線を引いて、用紙を上下に分割してください。**上には問いに対する「思考（思ったこと・感じたこと）」**を書き出してもらい、**下には「理由（そう思った理由・そう感じた理由）」**を書き出していただくためです。

これについては、このあと順を追って丁寧にご説明していきます。

狙いとしては、自分が思ったり感じたことに対する「理由」まで言語化することで、自分でも知らなかった自分の思いや意見に気づいていただくためです。

第2章でお伝えした「とりあえず書き出すことで、あなたの無意識の思いや意見だけでなく、その理由まで言語化できる」ということをきっと体感してもらえると思います。

理想の上司に必要なことは?

思考
(どう思う?/
どう感じる?)

理由
(なぜそう思う?/
なぜそう感じる?)

④まずは「思い浮かんだこと」を一行書いてみる

さぁ、ここからは「用紙の一番上の問い」に対して思いついたことを早速書き出してみましょう。

と言われても、何を書いていいかわからない。最初はきっとそう思われるのではないでしょうか？　大丈夫です、最初はみんなそうですので。

自分の頭の中にある「モヤモヤとした思いや意見」を言語化する作業を普段からやっている人なんてほとんどいません。もちろん、私もコピーライターという職業につくまでは、一切してきませんでした。そもそも、自分の中に「言語化されていない思いや意見」があることさえ、ふつうは気づいていないものです。

でも、この言語化の作業に、ある「特殊な才能」などは一切必要なく、そこに必要なのは「習慣」だけです。その習慣を自然に身に付けるために、このトレーニングがあると考えていただければいいのではないかと思います。

この頭の中の思考を書き出す時間は「テスト」ではなく、あくまで「トレーニング」

理想の上司に必要なことは?

思考
(どう思う?/どう感じる?)

・チームメンバーの意見を聞く

理由
(なぜそう思う?/なぜそう感じる?)

ですので、繰り返しになりますが、そこに正解や不正解はありません。メモを通じて「言語化される思いや意見」は、あなたの中にそっと眠っていたあなただけの宝物。宝物を発掘するようなワクワクした気持ちでメモに書き出す時間を楽しんでほしいと思います。

では、あなた自身が決めた問いについて**「思いついたこと」を何でもいいので、まずは一行書き出してみましょう。**

⑤一行書いたことを深掘りする「芋づる式言語化思考法」

次は、一行書き出した内容について、さらに深掘りしていきます。先ほどお話しした「問いを大きく書き出しましょう」というお話の際に少し触れた思考プロセスになります。

今回の問いの例でいうと、自分が出会った理想の上司を思い浮かべ、そこからまず「チームメンバーの意見を聞く」と書き出しました。

ここで**「それって、どういうこと？」と自分に対して、疑問を投げかけてください。**

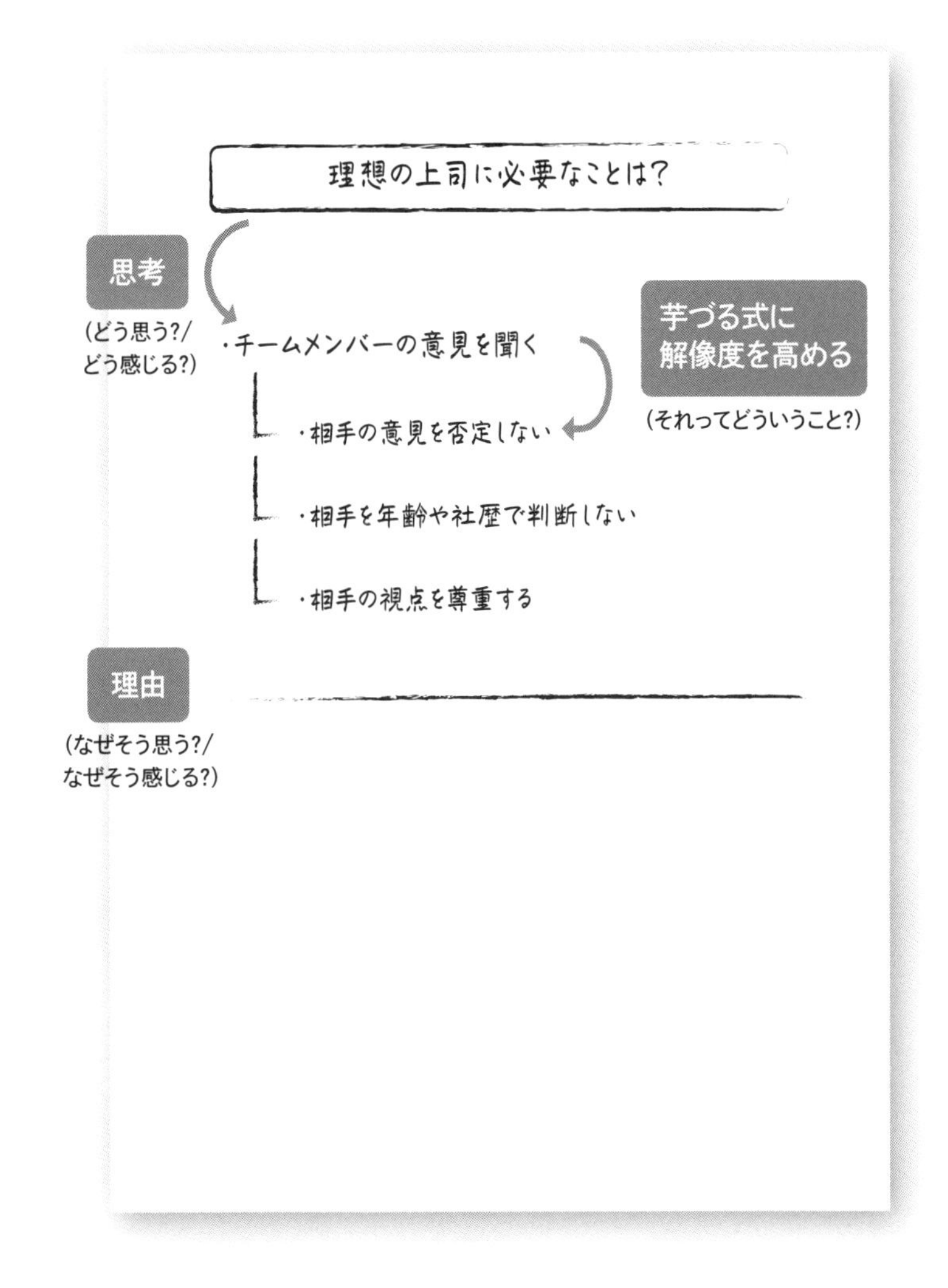
理想の上司に必要なことは？
思考
(どう思う?/
どう感じる?)
・チームメンバーの意見を聞く
芋づる式に
解像度を高める
(それってどういうこと?)
・相手の意見を否定しない
・相手を年齢や社歴で判断しない
・相手の視点を尊重する
理由
(なぜそう思う?/
なぜそう感じる?)

そこであなたが感じたのが「相手の意見を否定しない姿勢」だとした場合、1行目の下に罫線を引っ張って、2行目にその内容を書き出します。

つまり、「最初に書き出したこと」をきっかけに芋づる式に無意識の思いや意見をどんどん引っ張り出していく言語化思考法です。この際のコツとして、一行書き出した内容に対して「それはつまりどういうこと？」という意識を常に持ちながら、**徐々に「言葉の解像度」を上げていく**ことです。

「チームメンバーの意見を聞くって、つまりどういうこと？」という意識を持ちながら、下の行にいくにつれて、具体化をしていく。そうすることで、1行目より2行目のほうが、2行目より3行目のほうが「より深い思いや意見」にたどり着くことができるはずです。

もちろん、最初は似たような内容のものが続いてしまってもまったく構いません。「チームメンバーの意見を聞くこと」「相手の意見を否定しない姿勢」という一見近しい内容のメモでも、実は視点が少し違いますよね。2つ目のほうが、「意見を聞くことは、相手の意見を否定しないということだ」という一歩深い思いや意見が言語化されています。

このように、一行書き出したメモに対して、芋づる式にどんどん「言葉の解像度」を上げていくことで、言語化されていなかった自分の思いや意見が数珠つなぎのように次々と目の前に現れてくるのです。

このように自分自身をどんどん深掘りしていく時間は、それだけでもきっと有意義な時間になるのではないかと思います。

⑥「思考」の最終行から「理由」を書き出す

さぁ、ここからは、「問い」に対する自分の思考をさらに深めて言語化していくフェーズに入っていきます。

A4コピー用紙の上半分で、ある「問い」に対して「自分が思ったこと・感じたこと」をメモに書き出すことで言語化してきました。この時点でも、あなた自身がはっきりと言語化できていなかった「思いや意見」が言葉になって表れてきているはずです。

しかし、「なぜ自分がそう思ったのか・そう感じたのか」について、実は自分でもわかっていないことが多いのも事実です。たとえば、「理想の上司に必要なことは何だと思う?」と質問をされて、「相手の視点を尊重することです」と答えるだけでなく、「なぜなら、〇〇〇〇だと思うからです」と、**その理由までしっかりと言葉にできることで、あなたの思いや意見は一気に説得力を増してきます。**

この「言語化力トレーニング」でせっかく「思いや意見」を言葉にできたのですから、その理由までしっかり述べられるように準備しておきましょう。

まずは、「思考」ブロックで最後に書き出したメモを「丸」で囲みます。そこから、「そう思った・そう感じた理由」を、下の「理由」ブロックに書き出していきます。

この時点でかなり思考が深まっているはずなので、「書き出す理由」についても、一行目を書き出したときには想像もしなかったような「深い理由」が自然と書き出せるはずです。

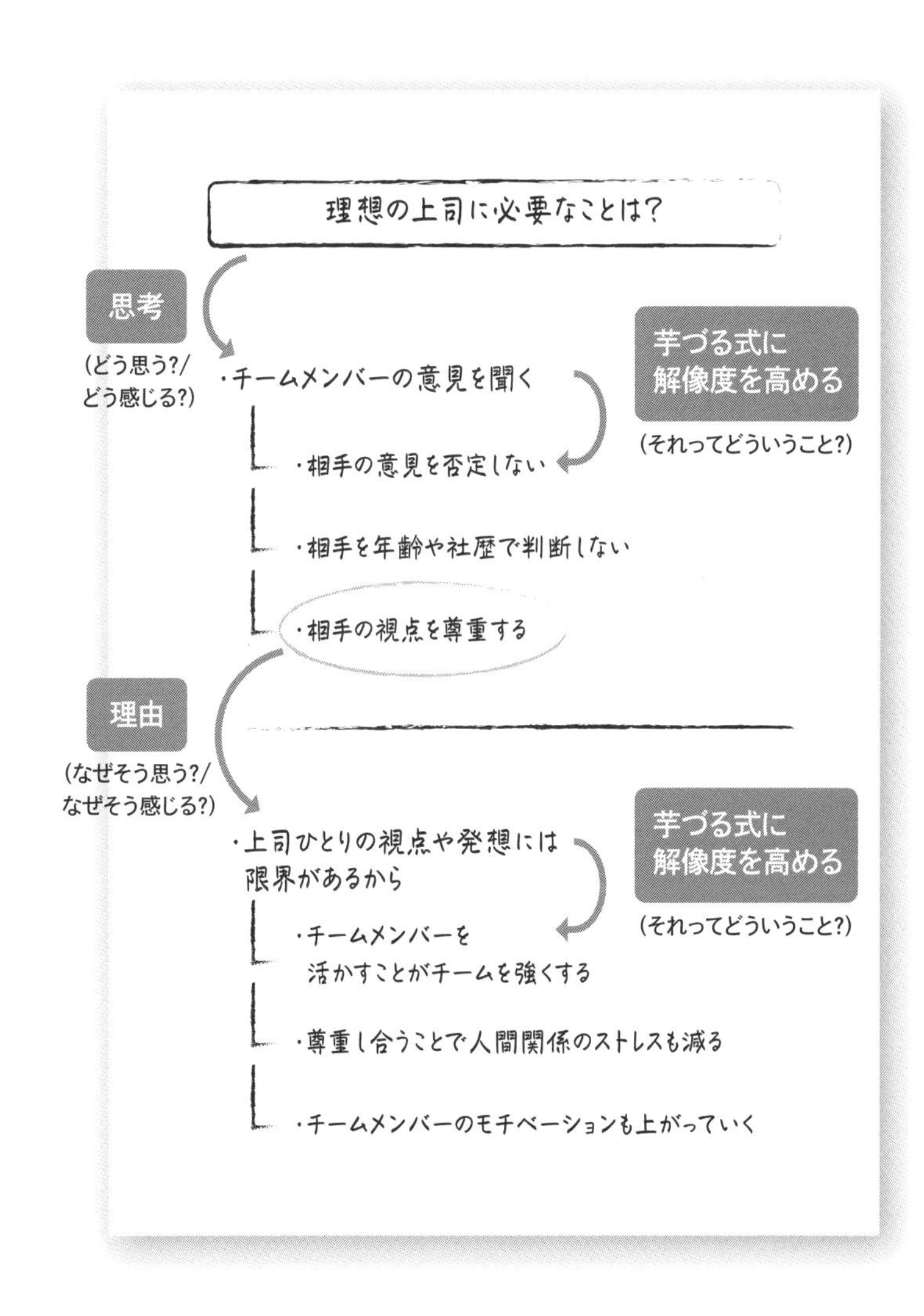
理想の上司に必要なことは？
思考
(どう思う?/
どう感じる?)
・チームメンバーの意見を聞く
芋づる式に
解像度を高める
(それってどういうこと?)
・相手の意見を否定しない
・相手を年齢や社歴で判断しない
・相手の視点を尊重する
理由
(なぜそう思う?/
なぜそう感じる?)
・上司ひとりの視点や発想には
限界があるから
芋づる式に
解像度を高める
(それってどういうこと?)
・チームメンバーを
活かすことがチームを強くする
・尊重し合うことで人間関係のストレスも減る
・チームメンバーのモチベーションも上がっていく

さらにそこから、「芋づる式言語化思考法」を使って、「理由」についても言葉を深めていきましょう。「思考」のときと同じように、「理由」についても、「それって、どういうこと？」と自分に問いながら書き出していきます。

コツは、「思考」のときと同じです。下にいくにつれて、「言葉の解像度」は高まっていき、一番下の行にいくときには、かなり解像度の高い言葉になっているでしょう。

気づけば、A４コピー用紙には、自分でもわかっていなかった自分の「思いや意見」とその理由がしっかりと言語化されていると思います。ここまでくれば、トレーニングで設定した「問い」に関する突然の質問にも、説得力を持って相手に答えることができるはずです。

制限時間は1枚2分、1日3枚書く

では、ひとつの「問い」についてどれくらいの時間をかけて書き出していくのがいいのでしょうか？　繰り返しになりますが、本書では「制限時間を2分」とすることをおすすめしたいと思います。

「頭の中で一度考えてからメモに書き出してみる」というよりは、**「書きながら考える」という感覚で取り組んでもらえるとよいかもしれません。**

「さすがに時間が短すぎないか？」と思われたかもしれませんが、そこには理由があります。第2章でも少し触れましたが、自分の中にあるモヤモヤを言語化するためには、ある程度の「集中力」が欠かせません。「ちょっと時間が足りないな」というくらいのほうが人間たいてい集中できるものです。

私もコピーを書く際、やはり締め切り間際で時間がなくなるほうが、否応なしに集中して書けている感があります。頭が素早く回転しているのを感じますし、結果として自分が想像もしていなかったようなコピーが書けた経験が何度もありました。

普段は自分でも気づいていない「思いや意見」を言語化する必要があるのですから、「いつもとは違う集中した環境」に自分を追い込むことがこのトレーニングには非常に大切なのです。**逆にいうと、あまり長い時間をかけても集中力が落ちるだけなので、それほど効果的ではないと思います。**

もちろん、2分という短い制限時間には、ビジネスで忙しいあなたにあまり負担をかけたくないという思いもあります。先ほども述べましたが、言語化力を身に付けるには、言語化する習慣を身に付けることが何より大切です。

ひとつの問いに対してたった2分でしたら、仕事の休憩時間や移動時間、寝る前のちょっとした時間で、簡単に長く続けてもらえるのではないでしょうか。

これを**1日に3枚、計6分**取り組んでいただければ十分です。1日に取り組む量は少なく思うかもしれませんが、**365日で1095枚**になります。

つまり、**この時点ですでに1095もの「問い」に対するあなた独自の「思いや意見」が言語化された状態でストックされることになるのです。**

これだけのストックがあれば、あなたはもうどんなときでも「瞬時に言語化できる」状態になっていることでしょう。

#「スキマ時間」でトレーニングする

さて、ここまで「言語化力トレーニング」の具体的な方法をご紹介してきました。

ところで「トレーニングに使ったメモはその後どうすればいいの？」と思われた方もいらっしゃるかもしれません。

結論からいいますと、捨ててもらって構わないと思います。「せっかく書き出したのにもったいない」と感じられるかもしれませんが、このメモは記録用に書き出したものではなく、あなたの頭の中に眠っていた「思いや意見」を言語化するために書き出したものです。

そして書き出しながら、自分の中で自分の「思いや意見」に気づき、言葉にする。この過程が一番大切なのです。

もちろん、後になって振り返りたくなったときのために収納してもらっても構いません。

ただ、私の経験上、そのメモを振り返ることはほぼないのではないかと思います。

なぜなら、自分の中でしっかりと言語化された思いや意見は、書き出したメモに頼ることなく、いつでもすっと出てくるものだからです。

また、このトレーニングのために、わざわざ新しいペンを購入してもらう必要もないと思います。

普段使っている、使い慣れたボールペンでまったく問題ありません。

「何度も消しては書いて」を繰り返すこともないので、鉛筆やシャープペンシル、消せるボールペンのような類である必要もありません。

強いていえば、ぜひ**「自分が気に入っているペン」**を使ってもらいたいなと思います。

というのも、このトレーニングは続けて習慣化してもらうことが何より大切です。

ですので、そのペンを見たり握ったりするだけでちょっとテンションが上がったり、スキマ時間でやってみようかなと思えたり、そういう気持ちにしてくれるペンをぜひ見つけてもらいたいなと思います。

最近はPCやタブレット、スマホは必ず持ち歩いていても、ペンは持ち歩いていないという人も増えているのではないでしょうか？　せっかくの機会ですので、ペンを探しに久しぶりに文房具屋さんに足を運んでみると、またそこで新たな気づきがあるかもしれません。

ちなみに私は普段の仕事では、ラミーのボールペンを愛用しています。

そして、本書のトレーニングは基本的に「ペン」と「A4コピー用紙」があれば、場所や時間を選ぶことはあまりありません。

よいしょと腰を下ろして取り組むトレーニングでもありませんので、なるべく仕事のスキマ時間やちょっとした空き時間で取り組んでもらえたらと思っています。

そういう意味でも、私のおすすめは、**いくつかの場所に「ペン」と「A4コピー用**

紙」を事前に用意しておく方法です。

会社のデスクの上、仕事で使うカバンの中、自宅のリビングや寝室など、あなたの生活動線上にいつでもメモに書き出せる環境をつくっておけると、ちょっとした時間でこのトレーニングができるようになりますし、言語化する行為がより身近になってくるのではないかと思います。

トレーニングだとあまりかしこまらずに、気になった「テーマや問い」があったらまずは書き出してみる習慣を、ぜひ心がけてみてください。

気づけば、きっとトレーニングだと思わずに自然とメモ書きするようになっているのでは、と思います。

さらに「言葉の解像度」を高める

ここまではトレーニングの基本的なやり方をお伝えしてきました。ここからは、少し慣れてきた際にぜひ試していただきたい「さらに『言葉の解像度』を高める方法」をお伝えしていこうと思います。

①「同じ問い」や「言語化した思い」をさらに深掘りする

ひとつの「問い」に対して2分で書き出してみるのが基本的なトレーニングですが、「同じ問い」に別の日に再度取り組むことで、深掘りするのも非常に有効です。

短い制限時間を課すことで集中して取り組むことはできますが、思考を深めるには限界があります。そこで、「同じ問い」で繰り返し書き出してみる。まるで「100

M走を何度も繰り返すようなイメージ」でトレーニングしてみるということです。
私自身、ひとつのテーマでコピーを書く際は、何度も何度も書き出します。一日でコピーを仕上げることはほとんどありません。一度コピーを書いてみて、日にちを置いて、再び書いてみる。2回目に書くときは自分の中でも思考が深まっていますので、1回目よりも掘るべき方向性が見えていたり、1回目に書いたときには思い至らなかった発見が見えてきたりします。

そのように、このトレーニングでも何度も深掘りを繰り返すことで、一度では気づけなかった自分の「思いや意見」に気づくこともありますし、自分の「思いや意見」により確信が持てるようになるという効果もあります。

設定する問いによって異なるかもしれませんが、**最低でも5回ほど深掘り**を繰り返せば、言葉の解像度が高い状態でストックされ、どんなときでも「瞬時に言葉にできる」ようになると思います。

また、「問い」に対して出てきた自分の「思いや意見」を、今度は「問い」に変えて、そこから再度、トレーニングに取り組んでみるのもオススメです。

②同じ問いに「別角度で」取り組む

「同じ問い」に対して深掘りをする際に、ぜひ意識してもらいたいのが、**考える方向を次々と変えてみる**ということです。

先ほどご紹介した「芋づる式言語化思考法」は、ひとつの方向に向かってひたすら深掘りしながら言語化していくというやり方ですが、実際の芋掘りと同じように、同じ場所を掘っていては、いつか掘り起こせる芋はなくなります。

そこで畑を変えて、もう一度掘り起こしていく。そんなイメージで、「同じ問い」に対する「言語化力トレーニング」を繰り返してもらえたらいいのではないかと思います。

たとえば、先ほど例に挙げた「理想の上司に必要なことは?」という問いに対して、1度目は「チームメンバーの意見を聞く」という方向で芋づる式に「思いや意見」、そしてその「理由」を言語化しました。

この他にも、たとえば「周囲にはっきりと意見する」という方向もあるかもしれません。そこから芋づる式に思考を深めていくと、「部下の悩みに対して明快に判断してあげる」や「間違ったことに対して正しく意見できる」のように、1度目の「言語化力トレーニング」では思い至らなかったあなたの「思いや意見」に出会えるかもしれません。

深掘りを繰り返すことの重要性はまさにここにあります。ですので、同じ問いを2度目、3度目と深掘りする際には、ぜひ「それまで考えなかった方向はないか」を意識して取り組んでもらえたらと思います。

そうすることで、あなたの中にストックされていく言語化された「思いや意見」、その「理由」の厚みが一気に増すことでしょう。

もしもあなたが「そんなにたくさんの方向性が思いつくのだろうか……」と不安に感じられたら、そこは大丈夫だと私が胸を張って言い切れます。あなたの中に眠っている畑は、あなたが想像する以上にとてつもなく広いのです。

③あえて「反対意見」を考える

ひとつの問いに対する深掘りをしやすくするために、自分がわざわざ言語化した「思いや意見」に対して、あえて「反対意見」を考えてみるのもひとつの方法です。

どういうこと？と思われるかもしれませんので、再び「理想の上司に必要なことは？」という問いを例に一緒に考えてみたいと思います。

この問いに対して先ほどのように「チームメンバーの意見を聞くこと」とまず書き出してみたとします。

それはそれで非常に正しい意見に思えます。ここで、自分で自分に対して、あえて「いじわる」をしてみましょう。あなたなら、この意見に対してどんな「反対意見」が考えられるでしょうか？

私なら「人の意見に左右されず自分の意思を貫く姿勢」も理想の上司にとって必要

なことだと考えます。

どうでしょうか？　「意見ばかり聞いて右往左往、毎日言うことが変わる上司」って、ちょっと嫌ですよね。

問いの深掘りをする際に、このように自分の「思いや意見」を無理やり否定しようと考えると、最初のときには思いも寄らなかった意見を自分が持っていたことに気づくことができるのです。

「理想の上司に必要なことは？」という問いに対して今回挙げた2つの意見はまったく相反する意見ではありますが、どちらが正解でどちらが不正解というものではありません。

このように自分の「思いや意見」に多様性を持てるようになること、そして、その多様性を活かして柔軟な発言ができるようになることが、ビジネスにおけるあなたの価値をより一層高めてくれることは間違いありません。

メモは「言語化」以外にもメリットをもたらす

ここまで、「言語化力トレーニング」の基本的な方法からちょっとした応用編までご紹介してきました。同時に、自分でも気づいていない「思いや意見」を言語化するためのツールとしてメモが効果的であることもお伝えできたのではないかと思います。

さて、ここからは「メモ」という行為がくれるさらなる効能について、コピーライターとしての経験も踏まえながらお話ししてみたいと思います。

「メモ」という言葉が持つ「もうひとつの意味」

あまり知られていませんが、実は日本語の「メモ」と英語の「ＭＥＭＯ」では、言葉の持つニュアンスが異なります。日本語では、「メモ」というと、「自分のために書き留めるもの」というイメージが強いのではないでしょうか。

しかし、英語の「ＭＥＭＯ」には、自分用ではなく、「誰かに伝えるために書かれた情報」という意味があります。つまり誰かのために書き留めておくものが「ＭＥＭＯ」。日本語でよく使われる「メモ」は、英語では「ＮＯＴＥ」のほうが近い意味を持っています。

本書でご紹介している「言語化力トレーニング」はあくまでひとりで取り組むものではあります。しかし、ややもすると、このトレーニングをすることが目的になってしまい、何のために自分はトレーニングをしているのか、何のために言語化力を磨いているのか、真の目的を見失ってしまうこともあるかもしれません。

このトレーニングの先には、職場の同僚やクライアントがいることをいつも忘れないように取り組んでいただきたいと思います。

たとえば「会議での議論」「プレゼンの場でのやりとり」「企画書を書くとき」など、あなたがビジネスにおいて言葉を使う具体的なシーンを思い浮かべながらこのトレーニングに取り組むだけで、その効果は大きく変わってくるはずです。

メモが「ビジネスを前に推し進めてくれる」

詳しい本のタイトルは忘れてしまいましたが、仕事においてメモをすることをあまりよしとしないビジネス本なども世の中にはあります。もちろん、考え方は人それぞれですから否定はしませんが、私は**メモが「あなたを一気に成長させてくれる存在」**であると確信しています。メモによって言語化力が身に付くことはこれまでたくさんお話しさせていただきましたが、メモの効能はそれだけではありません。

私は会議の場ではなるべくメモをするようにしています。会議の時間はその案件に関して「真剣に集中している時間」、つまり、その案件に関して自分の「思いや意見」を最も言語化しやすい環境であると考えているからです。

ですので、とにかく何でもメモに書き出しながら、相手の発言を聞いたり、自分でも発言をしたりするようにしています。そうすることで、「相手の発言」や「自分が感じたこと」が目に見える形で言語化されるため、**自分がこれから考えるべきことがどんどん整理されていく**のです。しかもメモに書き出すことで、「言葉」を通じて自分だけでなく、会議に参加している全ての人ともブレなく共有できるため、参加者全員が迷うことなく、効率的に仕事を前に進めることができるようになると感じています。

特に最近そういうメモの力を実感するのが「オンライン会議の場」です。対面での会議の場合はホワイトボードなどにメモをしていくことで全員の理解の共有が可能でしたが、オンライン会議だとそれがなかなか難しい。最近はホワイトボード代わりになるツールもありますが、一定のデジタルリテラシーを求められるので、どの会議でも使えるわけではありません。

そこで効果的なのが、オンライン会議ツールに付いているチャット機能です。Teams でも Zoom でも Google Meet でも、ほぼ全てにチャット機能が付いていると思います。その機能を使って、どんどんメモをしていく。「参加者の発言」でも、「自分がその発言を聞いて感じたこと」でも、どんどん言語化していく。そうすることで、お互いが離れた場所にいても、確実に共通の理解が生まれ、ビジネスをより効率的に進められるはずです。

先ほど、英語の「ＭＥＭＯ」には、自分用ではなく、「誰かに伝えるために書かれた情報」という意味があるというお話をしましたが、まさにここでいうメモは「自分のため」ではなく、「会議に参加する全ての人のため」のメモです。これからは仕事中に積極的にメモをして、周囲の人と共有してみてはいかがでしょうか。

メモは「新しい気づき」に出会える

本書では、言語化力を身に付ける目的のために「メモ」を使うことをおすすめしています。ですが、その目的に限らず**「メモ」は自分の中にはなかった「気づき」を与えてくれるツールとしても非常に効果的だと感じています。**

私は普段から、気になったことはできる限りメモをするようにしています。もちろんその内容は何でも構わないのですが、**ポイントは「自分が気になったこと」というルールを設ける**ということです。

個人的な話になりますが、昔から本屋さんに行くのが大好きです。ちょっと時間があれば、特に目的の本はなくてもふらふらと本屋さんの売り場を歩きながら平積みになっている本を眺めては、気になる本のコピーをメモするようにしています。そのときに本の中身まで読むことは滅多にありません。あくまでコピーをメモするだけです（ちょっと気持ち悪いですよね）。

でも、本のコピーって、その本で言いたいこと、伝えたいことをたった一行でまとめてあるものですから、実は言語化のお手本としては非常に優れたものなのではないかと感じています。きっとどんな本も、その著者や編集者がうんうんと知恵を絞って、その本の魅力を一番伝えられる言葉を考えてつけられたのが本のコピーでしょう。

そんな珠玉の言葉たちの中でも、自分が特に気になったコピーをメモしてみる。そのときに深く考える必要はありません。「気になった」と感じたら機械的にメモしていく。そうやって溜まった本のコピーのメモをあらためて見てみると、自分が書いたはずなのに自分でも気づかなかった「発見や気づき」をそのメモが教えてくれるのです。

ここで私がメモに書いていた本のコピーをいくつか並べてみようと思います。

「幸せおとりよせ」
↓物産品のおとりよせは、モノではなく「それを味わう幸せな時間」をおとりよせしていた、という気づき

「カラダ保存食」
↓カラダは、元気にするものではなく、「長く保存するもの」。その視点から食事を考えてみる、という気づき

「コンビニ農業」
↓農業って大変だという意識に対して、「もっと簡単に始められる農業」があってもいい、という気づき

「たった3つのクセを直せば人生がうまくいく」
↓自分の人生に大きな影響を与えているのは、「自分が無意識で行っているクセ」かもしれない、という気づき

いかがでしょうか？　メモに書いた本のコピーはそれぞれせいぜい数文字程度。ですが、そこから得られる「気づき」は、少なくとも私自身は普段考えたこともなかったような内容のものばかりでした。

こうやってメモを通して気づいたことは、そのまま自分の中に「思いや意見」としてストックされていき、いざそのテーマの質問が飛んできたときもとっさに答えられるようになる。メモにはそんな効能があると感じています。

今回は、私が実践している本のコピーのメモの話を例にしました。そもそも本屋さんは、自分が普段生活していてもなかなか接しない分野やテーマ、昨今の旬の問いに思いがけず出会える場所ですので、自分の「思いや意見」の幅を広げるきっかけをくれる場所としてもとても優れていますし、メモのし甲斐がある空間です。

ですが、本屋さんに限らず、自分の好きな分野に関するメモでも全然構わないと思

います。自分が気になったことをとりあえず何も考えずにいったんメモしてみる。そうするだけで、そのメモがあなたにきっと新たな気づきを教えてくれるはずです。

さて、この章では「瞬時に言語化できる人」になるための具体的なトレーニング方法についてご紹介しました。

いかがでしたか？　できるだけわかりやすく書いたつもりではありますが、もしかしたら、まだトレーニングのイメージが湧きづらいと感じられた方がいらっしゃるかもしれません。

そこで第4章では、あなたのビジネスに関係しそうな具体的な「問い」の例を出しながら、この「言語化力トレーニング」に一緒にトライしてみましょう。

さぁ、ペンとA4コピー用紙の準備はいいですか？

CHAPTER4

瞬時に「言語化」できるようになるシンプルなトレーニング

実践編

もうあなたは
本書の「言語化力トレーニング」の
基本的なやり方がわかったはず。

このトレーニングを繰り返す中で
言語化されたあなたの「思いや意見」のストックを
どれだけ自分の中に蓄積していけるか。

これが、言葉の「速さ」と「深さ」につながります。

しかし、「実際に言語化力が身に付く人」は
どんな風にメモを書いているのか。

具体的なメモの例があれば、きっと
初めてであるあなたも迷いなく取り組めるはずです。

第3章で学んだトレーニングを
一緒にやってみましょう。

さまざまな「問い」を一緒に実践してみる

さあ、ここからはトレーニング実践編です。

本書でご紹介している「言語化力トレーニング」は、残念ながら一回やればあなたの悩みが全て解決するような類のものではありません。繰り返しになりますが、たった一度のトレーニングで瞬時に言語化力が磨かれることはまずないからです。

このトレーニングを継続すること、習慣化することが、あなたの言語化に対する悩みを解決してくれるいちばんの近道となるはずです。

しかし、ある程度コツがつかめれば非常にカンタンなトレーニングなのですが、やはり最初は「これで合っているのか?」「これで本当に効果があるのか?」とつい不安な気持ちになることもあるかと思います。

この「言語化力トレーニング」は、スポーツのトレーニングと同じで最初のフォームが肝心。できればインストラクターのようにあなたの隣にいて、つどつどアドバイスができるといいのですが、それはなかなか叶いません。

そこで、第4章は実践編と題して、普段のビジネスにおいて言語化が求められるさまざまなシーンにまつわる「問い」をご用意。

それらの「問い」を使って一緒にメモに書き出しながら、トレーニングのコツや言語化のコツをつかんでいただけたらと思います。

A4コピー用紙とペンの準備ができたら、早速1つ目の問いから始めてみましょう。

【会議】今のチームの課題点は何だと思う？

最初は、「会議」で聞かれやすい質問をテーマにした「問い」です。

あなたは普段、チームで仕事を進めることも多いのではないでしょうか？　ひとりで進める仕事と違って、チームで進めることでよりうまくいくこともあれば、逆にうまくいかないこともある。さぁ、ここからは、ご自身が仕事で関わっているチームを想像しながら読み進めてみてください。

原因はわかりませんが、最近どうもチームがうまくいっていないようです。そこである日、チームリーダーがメンバー全員を急遽会議室に集めます。会議室に流れる何となく重たい空気。リーダーはあなたを見ると、いきなりこう質問してきます。

「ぜひ君の意見を聞かせてほしい。今のチームの課題点は何だと思う？」

さぁ、こう聞かれたあなたは、何と答えますか？　あなたはきっと、普段からチームに対して無意識にさまざまな思いや意見を抱いているはずです。しかし、いざ言葉にしようとするとなかなかうまく話せない。とっさに的確な言葉が思いつかない。そんな経験はこれまでなかったでしょうか？

チームが抱えている課題とは一体何なのか。それはきっとひとつではないはず。あなたの中に眠っているそのモヤモヤをきちんと言語化して自分の中に整理・ストックしておくことで、こんな急な質問にもパッと答えられるはずです。

そのためにこれから、「今のチームの課題点は何だろう？」という問いを立てて、「言語化力トレーニング」をしてみましょう。次ページのメモのようにお手元のA４コピー用紙にまず「問い」を書き込んだら、自分が感じていることとその理由を早速書き出してみてください。

制限時間は２分です。では、始めましょう。

＊＊＊＊＊＊＊＊

【会議】

今のチームの課題点は何だろう？

思考
（どう思う？／どう感じる？）

理由
（なぜそう思う？／なぜそう感じる？）

さぁ、2分たちました。初めての実践トレーニング、もしかしたら、時間が足りないと思われたかもしれません。でも、大丈夫です。慣れてくれば、2分間で必ず「思いや意見」が書き出せるようになります。そして、実際にトレーニングをしてみて、どう感じましたか？　自分の中に眠っているモヤモヤとした記憶を思い出しながら、問いに対して思ったこととその理由を書き出してみる。そうすることで、自分が普段からチームに感じていた課題をあらためて再認識した。そんな感覚を少しは持てたのではないでしょうか。ぜひその感覚を大切にし、引き続き実践していきましょう。

ちなみに、次のページに例として書き出したメモもご用意しました。よければ、あなたが書き出したメモと比べてみてください。このようにあまり難しく考えず、思いつくままにどんどん書き出してもらうことにこのトレーニングの意味があります。今回はうまく言葉にできなかったと感じたあなたもご安心を。同じ問いで何度も言語化力トレーニングを繰り返していくことで、書き出す言葉そのものも次第に洗練され、より的確な言葉で言語化できるようになります。

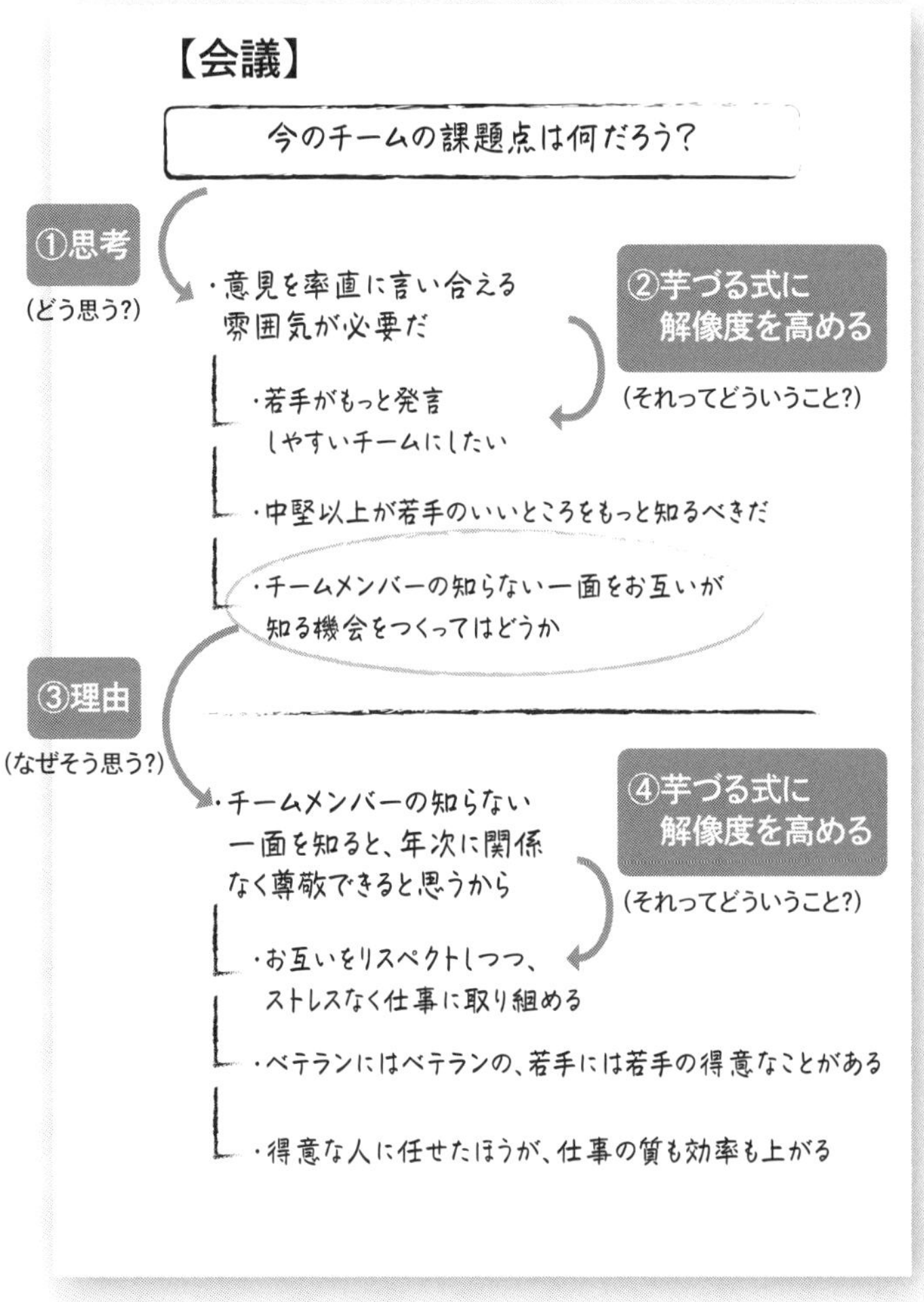

【会議】

今のチームの課題点は何だろう？

①思考
(どう思う?)

・意見を率直に言い合える雰囲気が必要だ

②芋づる式に解像度を高める
(それってどういうこと?)

・若手がもっと発言しやすいチームにしたい
・中堅以上が若手のいいところをもっと知るべきだ
・チームメンバーの知らない一面をお互いが知る機会をつくってはどうか

③理由
(なぜそう思う?)

・チームメンバーの知らない一面を知ると、年次に関係なく尊敬できると思うから

④芋づる式に解像度を高める
(それってどういうこと?)

・お互いをリスペクトしつつ、ストレスなく仕事に取り組める
・ベテランにはベテランの、若手には若手の得意なことがある
・得意な人に任せたほうが、仕事の質も効率も上がる

【マネジメント】

どんなリーダーであるべきか？

さて、次の言語化力トレーニングのテーマは「マネジメント」です。先ほどと同じチーム運営に関するテーマではありますが、マネジメントにはマネジメントならではの課題が存在しています。

実際に私も職場のマネジメント職の方と話をすると、自分では考えたこともなかったさまざまな悩みを抱えているなぁと感じます。あなたがマネジメント職であれば、ぜひ自分ごととして。もしそうでなければ、あなたのマネジメントをしてくれている方の顔を思い浮かべながら、読み進めてみてください。今回はあなたがチームのメンバーだという設定で行ってみたいと思います。

さて、ここはあなたの職場です。あなたは自分のデスクでＰＣとにらめっこしながら仕事をしています。そんなときのことです。誰かに肩を叩かれてふと顔を上げると、そこにはあなたのチームのリーダーが立っています。最近はリモートワークも併用されるようになって、チームリーダーと顔を合わせて話すのは久しぶりです。「ちょっといいかな？」と言われて、二人でコーヒーを片手に休憩スペースに向かうことに。そこでリーダーがおもむろに話し始めます。

リーダー「忙しそうなとこ、悪いね」
あなた「いえ全然。どうしたんですか？」
リーダー「最近どう？　顔を合わせて話す機会があまりなかったから」
あなた「ありがとうございます。変わりなくやってます」
リーダー「それはよかった。リモートワークでのマネジメントって慣れなくてね」
あなた「たしかに、そうですよね」
リーダー「働き方も昔とずいぶん変わってしまったし」
あなた「難しい時代になりましたね（笑）」
リーダー「そうそう。これからの時代、どんなマネジメントがいいのかなぁ？」

【マネジメント】

チームのためにどんなリーダーであるべきか?

思考

(どう思う?)

理由

(なぜそう思う?)

どうやらリーダーはリモートワーク下でのマネジメントにちょっと悩んでいるようです。この質問に対して、あなたならどう意見しますか？　さぁ、メモに書き出してみましょう。制限時間は2分。では、やってみてください。

＊＊＊＊＊＊＊

さて、2分たちました。いかがでしたか？

時代の変化とともに、マネジメントのあるべき姿も変化している。だからこそ、過去の経験だけで、「マネジメントはこうあるべき」と決めつけるのではなく、常に自分の思いや意見をアップデートし続けていく。そういう姿勢がとても大切なんだろうと感じます。

そのためにも、この「言語化力トレーニング」を一回で終わらせることなく、定期的に取り組んでいくこと。それが、あなたの意見のアップデートにも直結していくと思いますので、ぜひ上手に活用してもらえたらと思います。次のページには、私が実際に書き出したメモも載せておきます。ただ、他にもたくさん書き出せそうな気がしたので、個人的にも何度か繰り返してみたいと感じました。

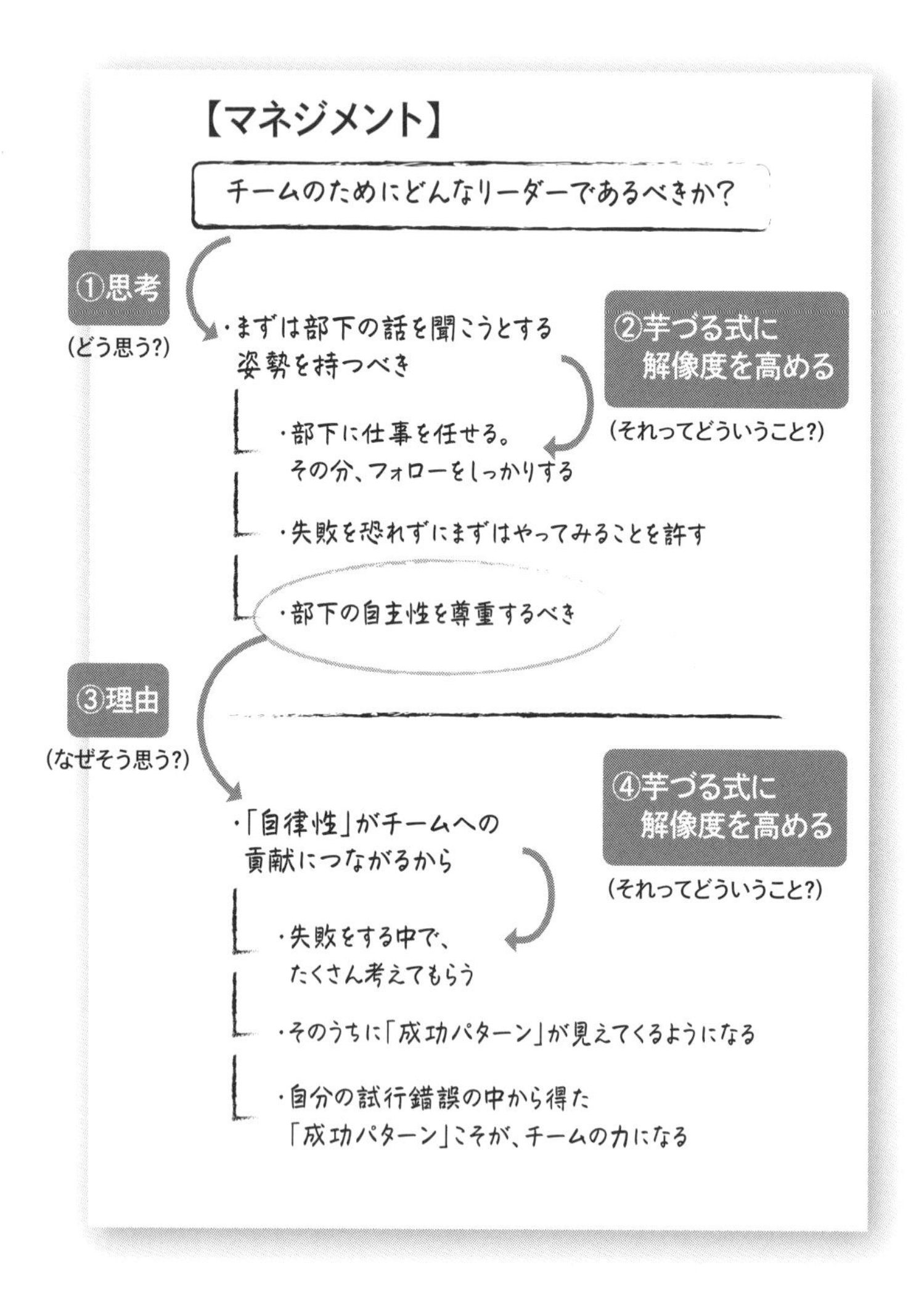
【マネジメント】
チームのためにどんなリーダーであるべきか？
①思考
(どう思う?)
・まずは部下の話を聞こうとする
姿勢を持つべき
②芋づる式に
解像度を高める
(それってどういうこと?)
・部下に仕事を任せる。
その分、フォローをしっかりする
・失敗を恐れずにまずはやってみることを許す
・部下の自主性を尊重するべき
③理由
(なぜそう思う?)
・「自律性」がチームへの
貢献につながるから
④芋づる式に
解像度を高める
(それってどういうこと?)
・失敗をする中で、
たくさん考えてもらう
・そのうちに「成功パターン」が見えてくるようになる
・自分の試行錯誤の中から得た
「成功パターン」こそが、チームの力になる

【商談】

お客様の課題への打ち手は何か？

次の「問い」は、「商談」の場面を想定した言語化力トレーニングを行ってみましょう。ここからは、あなたが普段クライアントと商談をしているシーンを思い浮かべながら読み進めてみてください。

あなたがいるのは、クライアントの会議室。目の前には、クライアントの担当者が少し困った顔をして座っています。どうやら、担当している商品の売れ行きが芳しくないようです。売上のテコ入れのために何か打ち手を考えたいと思っているようで、あなたにこう投げかけてきます。

「新しい打ち手を考えたいのですが、○○さんはどう思いますか？」

さぁ、あなたならどう答えますか?

こんなシーンでパッと的確なコメントができたら、きっとクライアントからの信頼も高まるはず。このようなときのために、「言語化力トレーニング」であなたの思いや意見をストックしておきましょう。

今回の商談編、本書では具体的な商材は取り上げません。ぜひあなたが普段関わっている商材をイメージしながら書き出してみてください。

制限時間は2分。さぁ、やってみましょう。

＊＊＊＊＊＊＊

さて、2分たちました。いかがでしたか？　今回は、私のほうで書き出してみたメモを最初に見ていただこうと思います。

私が普段クライアントと向き合っていて感じることがあります。それは、お客様の本質的な課題にお客様自身が気づいていないことが意外と多いことです。困りごとの

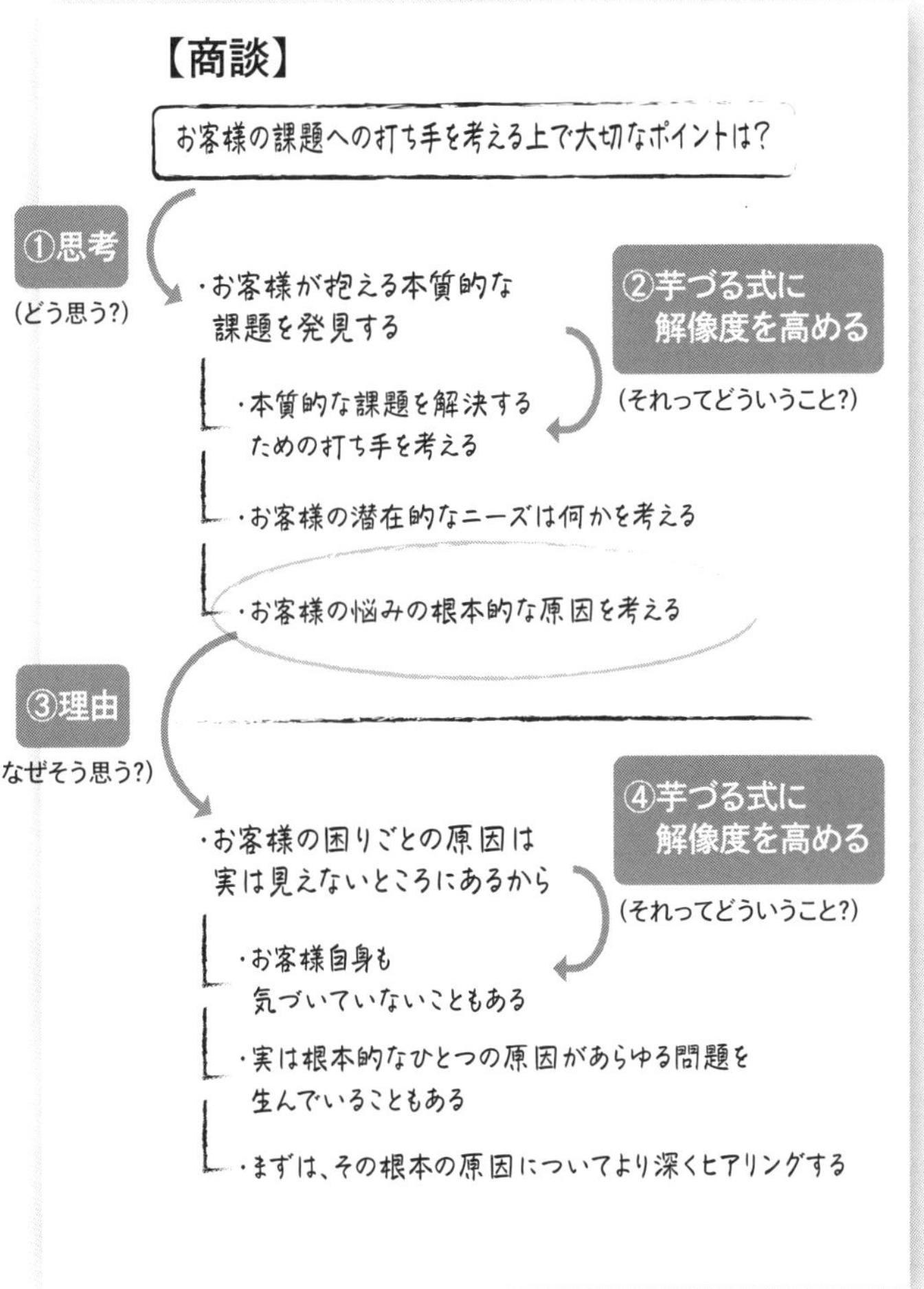

【商談】

お客様の課題への打ち手を考える上で大切なポイントは？

①思考
(どう思う?)

・お客様が抱える本質的な課題を発見する

②芋づる式に解像度を高める
(それってどういうこと?)

・本質的な課題を解決するための打ち手を考える
・お客様の潜在的なニーズは何かを考える
・お客様の悩みの根本的な原因を考える

③理由
(なぜそう思う?)

・お客様の困りごとの原因は実は見えないところにあるから

④芋づる式に解像度を高める
(それってどういうこと?)

・お客様自身も気づいていないこともある
・実は根本的なひとつの原因があらゆる問題を生んでいることもある
・まずは、その根本の原因についてより深くヒアリングする原因が言語化されていない場合も多くあります。そこを見誤ってしまうと、的外れな打ち手を提案してしまうことも考えられますね。

今回の「問い」では具体的な商材は取り上げていませんが、どんな業界や業種であろうとも、お客様は必ず何かしらの課題を抱えています。そんなお客様に対してあなたは常にどんな姿勢で向き合いたいか。その思いを、メモを使って言語化する作業と捉えていただくと書き出しやすいかもしれません。

お客様から打ち手に関する回答を求められたとき、具体的な打ち手をパッと答えられることだけが、お客様のためになるわけではありません。打ち手を考える前に、お客様の「悩み」の本質に向き合う姿勢を持つこと。

その意識が自分の中で言語化されていることで、お客様の質問への返答も自ずと変わってくるのではないでしょうか。

【社内プレゼン】
この企画の大事なポイントは?

さて、次の「問い」は「社内プレゼン」編と題して言語化力トレーニングを行ってみたいと思います。先ほどは対クライアントを想定した内容でしたが、社内に自分の思いや意見をしっかりと伝え、プレゼンを通していくことも、同じくらい大切なことだと思います。ぜひここからは、あなたが普段行っている社内プレゼンの様子をイメージしながら、読み進めてみてください。

さて、あなたは今、社内の役員会議室にいます。目の前には担当役員や部長などがずらりと座っています。これまで何か月もかけて考えてきた企画のプレゼンを終えたばかりのあなた。無事に全て話し終えた安堵と、どんな反応がくるだろうという不安が入り混じる中、質疑応答の時間が始まろうとしています。緊張した面持ちのあなたに向かって、担当役員がこうたずねてきます。
「あなたがこの企画で大事にしたポイントはどこですか？」

さて、あなたはどう答えますか？　私もコピーライターとしてこれまで数え切れないほど社内でプレゼンをしてきました。今振り返って感じるのは、プレゼンの内容やプレゼンの仕方と同じくらい、その場での質問に対する受け答えが大事だということです。質疑応答をうまく活用することで、プレゼンの点数は大きく上げることができます。

せっかくの機会ですので、社内プレゼンでの質問に対しパッと意見が言えるように、「言語化力トレーニング」を使って準備をしておきましょう。

ちなみに、読まれている方によって社内プレゼンの内容はずいぶん変わってくると思います。そこで、ここでは社内プレゼンの具体的な内容については省略します。

今回の問いは少し漠然としていると感じられるかもしれませんが、あなたが今まさ

【社内プレゼン】

この企画で大事にしたポイントはどこか?

思考
(どう思う?)

理由
(なぜそう思う?)

に考えている企画を社内プレゼンしたと想定し、そのときに聞かれる質問だと思って取り組んでみてください。それでは、始めましょう。制限時間は2分です。

＊＊＊＊＊＊＊

さて、2分たちました。いかがでしたか？　社内プレゼンをする企画は、あなた自身が考えたもの。だからこそ、企画の大事なポイントは、企画を考えた自分が一番わかっている。ついそう思いがちですが、その大事なポイントが的確に言語化できているかは別の話です。

自分では何となく「ここが大事だ」と感じてはいるけれど、言葉にしなければ相手に伝えることはできません。特に企画をプレゼン資料に落とし込んでいったり、プレゼンで話していったりする中で、ついつい自分が大事にしていたポイントが相手に伝わりづらくなることもあります。

そんなときに、大事にしていたポイントを自分の中でしっかり言語化できていれば、今回のような質問を活かして、あらためて伝え直すことができるのです。

プレゼンの加点にもなりますし、「ちゃんと大事なポイントがわかってるやつだな」とあなた自身の評価にもつながっていくでしょう。

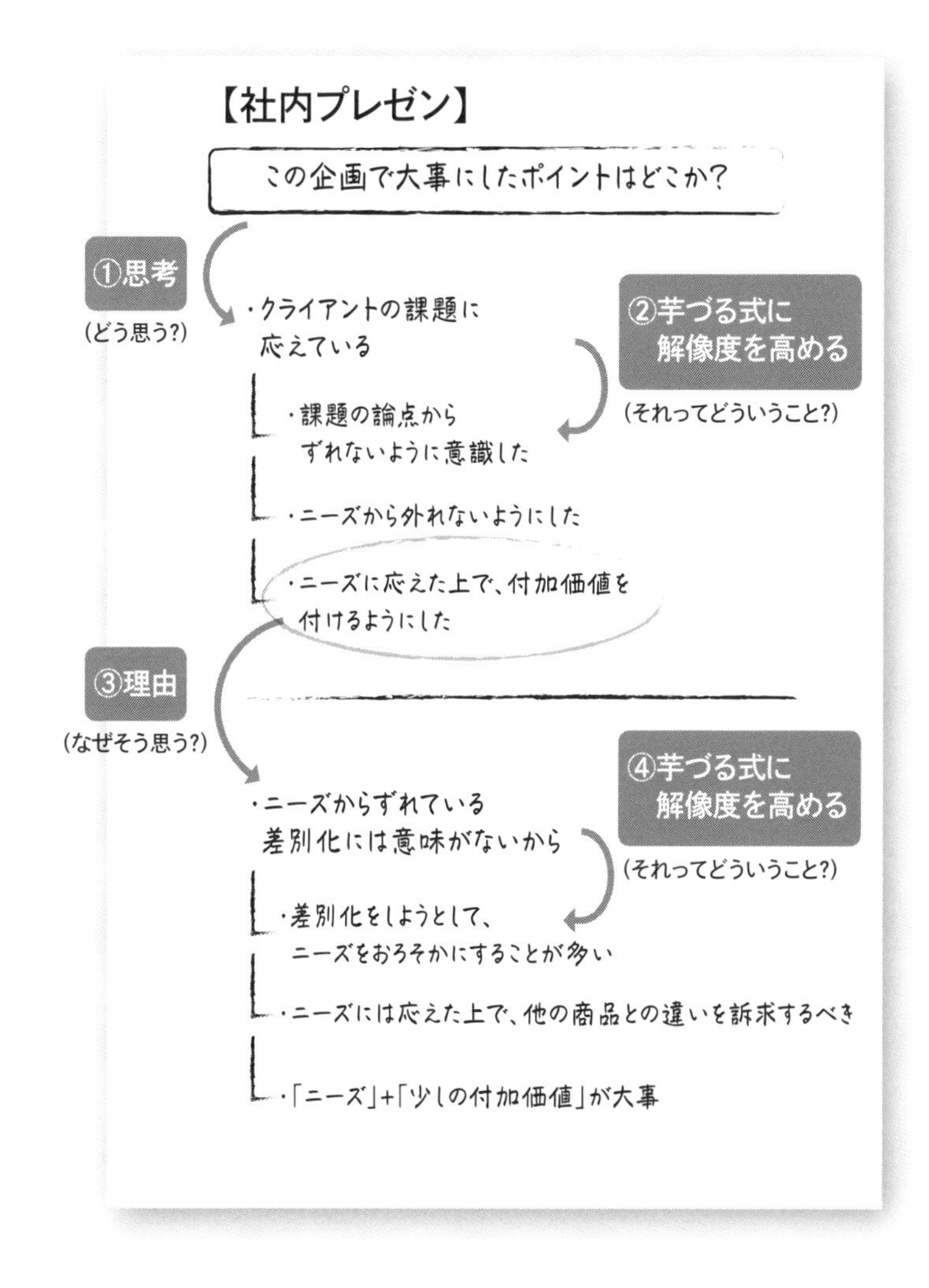
【社内プレゼン】
この企画で大事にしたポイントはどこか？
①思考
(どう思う?)
・クライアントの課題に応えている
②芋づる式に解像度を高める
(それってどういうこと?)
・課題の論点からずれないように意識した
・ニーズから外れないようにした
・ニーズに応えた上で、付加価値を付けるようにした
③理由
(なぜそう思う?)
・ニーズからずれている差別化には意味がないから
④芋づる式に解像度を高める
(それってどういうこと?)
・差別化をしようとして、ニーズをおろそかにすることが多い
・ニーズには応えた上で、他の商品との違いを訴求するべき
・「ニーズ」+「少しの付加価値」が大事

これから社内プレゼンをする機会があれば（もちろん社外のプレゼンの際も）、プレゼン前に想定される質問を一度書き出してみて、その質問をもとにした「言語化力トレーニング」にも取り組んでもらえたら効果的ではないかと思います。

ちなみに前のページに私のほうで書き出したメモも載せておきましたが、特定の社内プレゼンを想定していないため、書き出した内容もあまり具体的になっていません。書き出す切り口など、あくまで参考程度にご覧いただければと思います。

【企画書】相手に伝わる企画書にするには？

さて、次の「問い」は「企画書」をテーマにした言語化力トレーニングを一緒にやってみたいと思います。必要のないプレゼンはほぼ皆無といっていいほど、ビジネスを進めていく上で欠かすことのできない企画書。どれだけ素晴らしい企画を考えたとしても、しっかりと言語化して企画書に落とし込めなければ、プレゼン相手にその素晴らしさを伝えることはできません。

さらに、企画に込めたあなたの思いも、言語化できなければ相手と共有できません。

ここからは、あなたが普段、上司と企画書の内容のやりとりをしているシーンを思い浮かべながら読み進めてみてください。

あなたは今、会社の会議室で上司と向き合っています。来週のクライアントへのプレゼンに向けた企画書の内容についてチェックをしてもらうためです。

表情ひとつ変えずにあなたが書いた企画書にゆっくり目を通していく上司。会議室には沈黙の時間が流れています。

今回の企画は、以前からあなたがどうしてもやりたかったもの。何日もかけて企画書を仕上げてきましたが、自分の頭の中がきちんと表現されているのか、あまり自信はありません。この企画に対するあなたの思いを知っている上司は、企画書に一通り目を通すと、こう質問してきます。

上　司「企画書ありがとう。前からやりたいって言ってたやつだよね？」

あなた「はい」

上　司「私は内容についてはもう何度も話を聞いているから理解できるけど……」

あなた「はい……」

上　司「この企画書でクライアントにちゃんと伝わるかな」

あなた「……」

上　司「もっと相手に伝わる企画書にするにはどうしたらいいと思う？」

【企画書】

相手に伝わる企画書にするためには?

思考
(どう思う?)

理由
(なぜそう思う?)

相手に伝わる企画書とは何か。もしあなたがそんな根本的な質問をされたら、何と答えますか？

企画書を書く機会の多い方なら、普段から何となく自分の中で大切にしていることがあると思います。せっかくなので、今回メモに書き出してみることで、確認の意味も含めて一度言語化してみましょう。では、書き出してみてください。

＊＊＊＊＊＊＊

さて、2分たちました。いかがでしたか？

企画書を書く機会は多くても、企画書を書く際に大切にしていることをあらためて自分なりに考え、言語化し、整理する機会って意外と少ないのではないでしょうか？

今回のトレーニングを通して自分なりに一度言語化してみることは、あなたの企画書作成スキルの向上にきっと役立つはず。今回のような質問が突然飛んできたときにすぐ答えられるだけでなく、**普段、企画書を作る際の自分なりのルールにもなっていきます。**企画書にかける時間が短縮できるだけでなく、自分で企画書を見直す際にもより客観的にチェックできるようになるはずです。

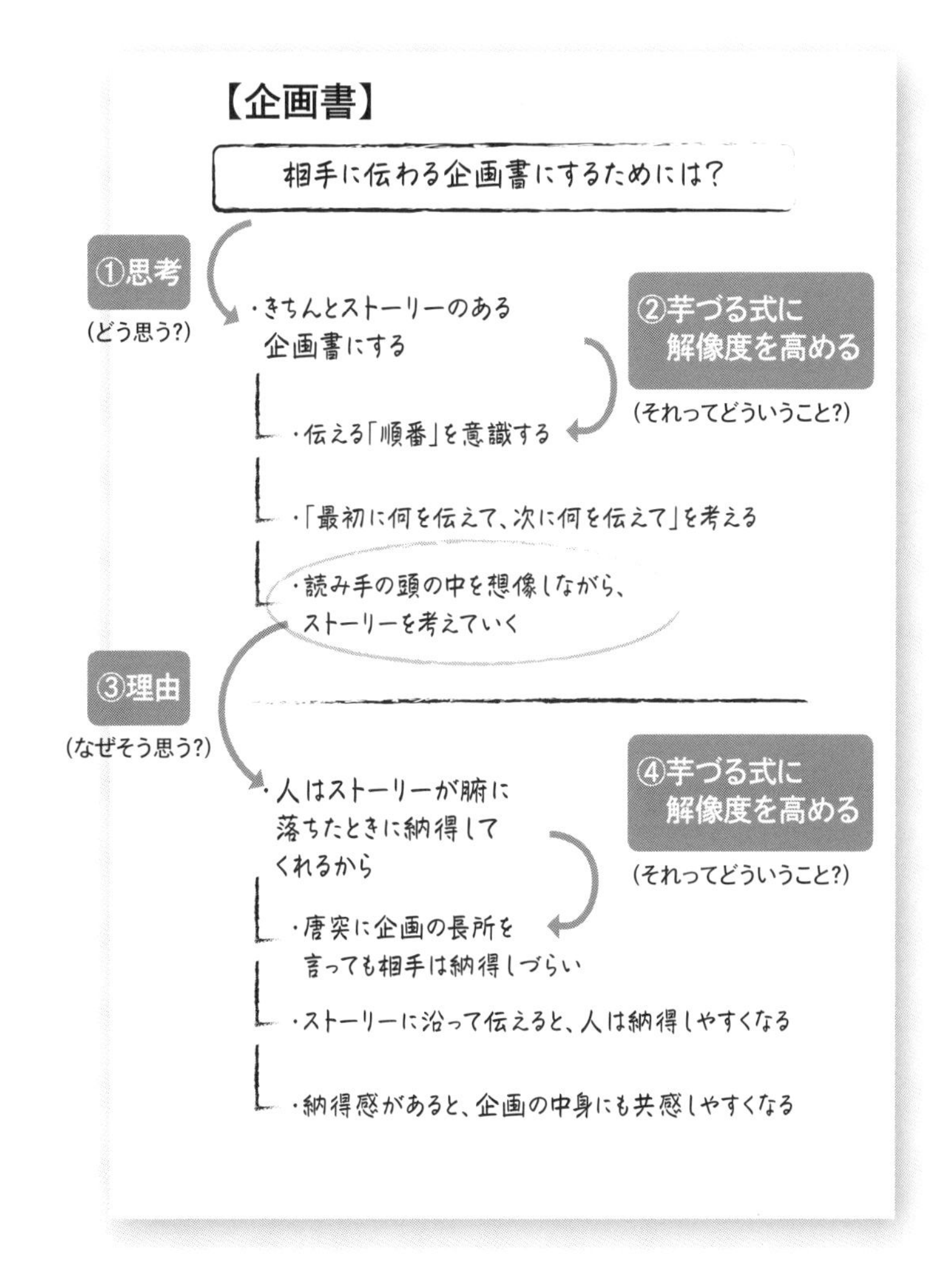
【企画書】
相手に伝わる企画書にするためには?
①思考
(どう思う?)
・きちんとストーリーのある企画書にする
②芋づる式に解像度を高める
(それってどういうこと?)
・伝える「順番」を意識する
・「最初に何を伝えて、次に何を伝えて」を考える
・読み手の頭の中を想像しながら、ストーリーを考えていく
③理由
(なぜそう思う?)
・人はストーリーが腑に落ちたときに納得してくれるから
④芋づる式に解像度を高める
(それってどういうこと?)
・唐突に企画の長所を言っても相手は納得しづらい
・ストーリーに沿って伝えると、人は納得しやすくなる
・納得感があると、企画の中身にも共感しやすくなる

前のページに今回のメモ例を載せましたが、たとえば「きちんとストーリーのある企画書にする」というメモ。この視点で今自分が書いている企画書を見直してみることで、より読みやすく納得感のある企画書にブラッシュアップされていくでしょう。

さらに、相手に伝わる企画書の作り方が言語化できていれば、あなたの後輩が企画書作りに悩んでいるときも適切なアドバイスができるようになるかもしれません。

今回のトレーニングの「問い」は、ビジネスのさまざまな場面できっと役立つはずですので、ぜひ繰り返し取り組んでいただければと思います。

【タスク管理】どうしたら仕事のスピードが上がるか?

さて、次の「問い」のテーマは「タスク管理」です。

もっと仕事を効率的にこなしたい。仕事を遅らせてチームメンバーやクライアントに迷惑をかけたくない。このように、自分の仕事の進め方に少なからず悩みを持っている方は多いのではないでしょうか?

日々の仕事に忙殺されていると、自分のタスク管理について見直す機会を持つのはなかなか難しいものです。タスク管理に失敗して先輩やクライアントから怒られてしまった。そんな経験は誰しもあるものですし、それ自体はあまり大きな問題ではないと私は思います。

むしろ、なぜ怒られたのか、どうすれば次は迷惑をかけないのか、失敗から得られる学びを自分の中でしっかりと言語化しておけるか。そこが一番大切なポイントです。

【タスク管理】

どうしたら仕事のスピードを上げられるか?

思考

(どう思う?)

理由

(なぜそう思う?)

失敗を次に活かせないのは非常にもったいないことですので。

しかし、その反省をきちんと言語化しておかないと、すぐに忘れてしまって、また同じミスを繰り返してしまうことは往々にして起こります。今回の問いもあなたの普段の仕事に直結する非常に有効なトレーニングですので、ぜひ前向きに取り組んでみてほしいと思います。それでは始めましょう。

＊＊＊＊＊＊＊

さて、2分たちました。いかがでしたか？「言語化力トレーニング」にも少しずつ慣れてきたのではないでしょうか？　初めて取り組んだときと比べると、あれ、意外とメモに書き出すのに苦労しなくなってきたぞ。もし少しでもそう感じられたら、あなたの言語化力が上がってきた証拠です。ぜひ自信を持っていただければと思います。


タスク管理は、職業や職種によって注意すべきポイントが大きく異なってくると思いますので、本書ではその具体的な内容に触れることは省略します。

ただ、メモを書き出すときのヒントを少しだけお伝えしておこうと思います。

【タスク管理】

どうしたら仕事のスピードを上げられるか?

①思考

(どう思う?)

・自分の仕事で無駄な部分を考える

②芋づる式に解像度を高める

(それってどういうこと?)

・資料やメール文の確認を無意識に何度もしている

・ミスをしないように過剰に確認している

・資料やメールの確認は、「1回」と決めよう

③理由

(なぜそう思う?)

・「1回」にすることで、スピードが上がる

④芋づる式に解像度を高める

(それってどういうこと?)

・その1回の集中力を高めることが大事

・完璧主義に陥らない

・確認を「1回」にすることで、他の仕事に時間を回せる

それはメモを書き出すときに、漠然と考え始めるのではなく、**まずは「問い」にまつわる過去のできごとに思いを巡らすこと。**

自分が体験した具体的なできごとを思い浮かべて、それに対して「今の自分」はどう思い、どう感じるかを言葉にしてみる。そうすることで、あなたならではの「思いや意見」が自然と書き出せるようになるはずです。

このトレーニングを通じて言語化したいのは、「一般論」ではなく、あなた自身の「思いや意見」です。今回の「問い」であれば、たとえば、仕事のスピードが遅くて怒られたできごとを思い出し、そこであなたが思ったこと、感じたことをメモに書き出していくのがコツとなります。

そうすることで、あなたならではのタスク管理に関するモノの見方が言語化されていくのです。このポイントはとても大事なので、第5章でもう少し詳しく触れたいと思います。

【ホウレンソウ】

トラブルにどう対処すべきか？

次の「問い」は仕事における「ホウレンソウ」をテーマに言語化力トレーニングを行ってみましょう。先ほどのタスク管理と並んでビジネスにおいて大切なホウレンソウ（報告・連絡・相談）。それがしっかりできる人とできない人では、いざ仕事でトラブルが起きたときに大きな差が出てきます。ぜひご自身のことだと思って読み進めてみてください。

あなたが会社のデスクに座って仕事をしていると、同僚が非常に困った表情を浮かべて近づいてきます。何かあったなと察知したあなたは周囲に聞かれないように小声でたずねます。

あなた「どうしたの？」
同　僚「実は協力会社がミスをしてクライアントがカンカンなんだ」
あなた「え、そうなの？」
同　僚「こういうとき、どう対処したらいいか教えてくれないか？」

さて、あなたなら何と答えますか？

早速メモに書き出してみましょう。

＊＊＊＊＊＊＊

さて、2分がたちました。いかがでしたか？

仕事の数だけトラブルの種類も、その対処法も異なりますから、今回のような質問をされたとき、常に専門的なアドバイスを返すことは難しいかもしれません。

しかし、どんな仕事にも当てはまるのが、トラブル対策の基本である「ホウレンソウ」。その「ホウレンソウ」をするにあたって大切にすべき考え方やポイントは、きっとさまざまなトラブルに応用が利くはずです。

【ホウレンソウ】

トラブルにどう対処したらいいか?

思考

(どう思う?)

理由

(なぜそう思う?)

ただ単純に報告・連絡・相談をすればいいという話ではなく、どのようなポイントに気をつけながら「ホウレンソウ」をするべきか。

そこがあなたの中でしっかりと言語化されていることが、きっと相談してきた相手への有用なアドバイスにつながるはずです。さらに、そのアドバイスでトラブルが無事解決したあかつきには、「困ったときに頼れるやつだ」とあなたの評価も一気に上がることでしょう。

そしてもちろん、自分がトラブルに巻き込まれたときにも役立つのはいうまでもありません。

この「問い」に対する答えがあなたの中で言語化されていくことは、あなたのリスク管理能力の向上にも直結しますので、時間が許す限り、何度も繰り返し書き出しながら、言語化の精度を高めていきましょう。

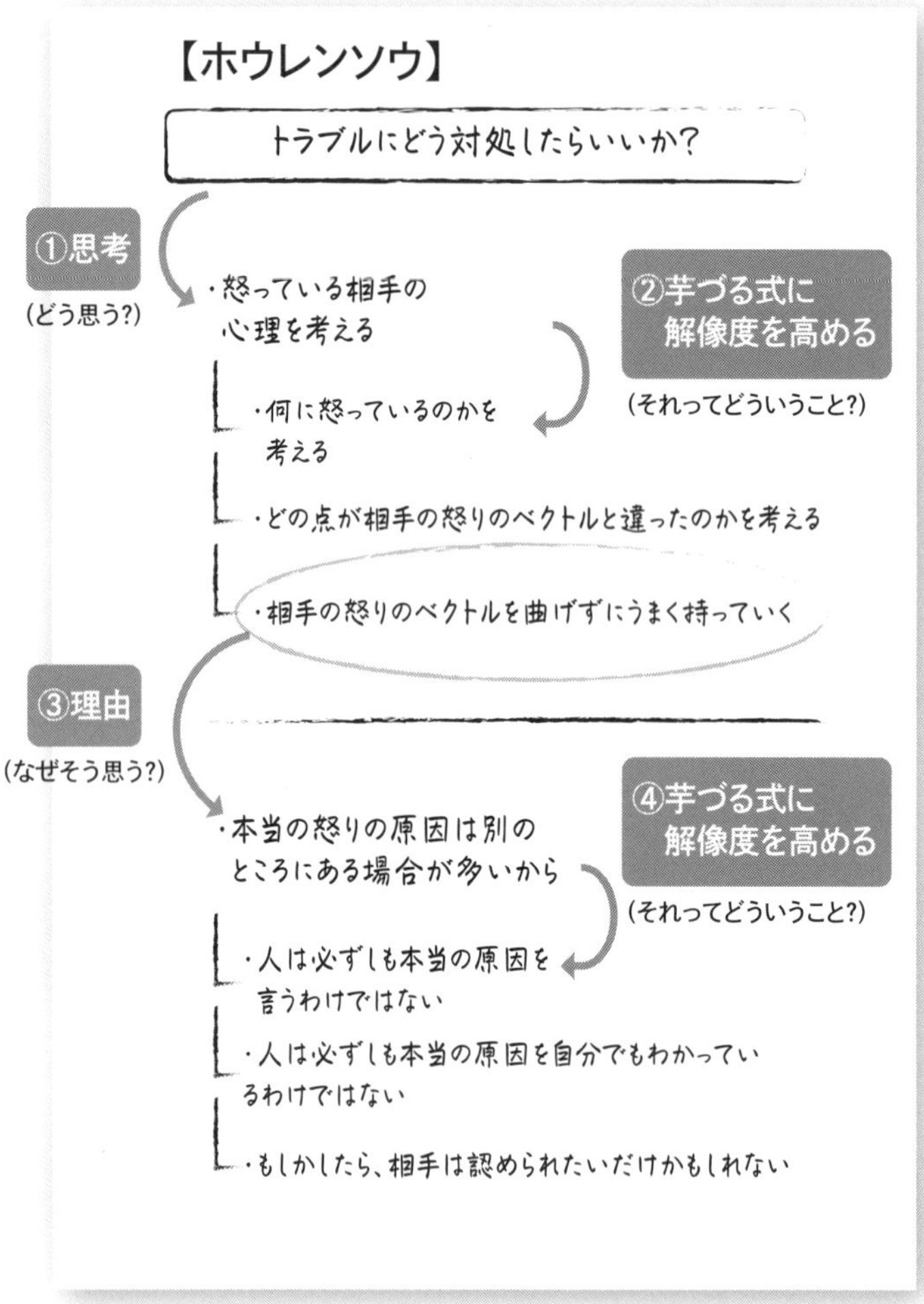

【ホウレンソウ】

トラブルにどう対処したらいいか?

①思考
(どう思う?)

・怒っている相手の心理を考える

②芋づる式に解像度を高める
(それってどういうこと?)

・何に怒っているのかを考える
・どの点が相手の怒りのベクトルと違ったのかを考える
・相手の怒りのベクトルを曲げずにうまく持っていく

③理由
(なぜそう思う?)

・本当の怒りの原因は別のところにある場合が多いから

④芋づる式に解像度を高める
(それってどういうこと?)

・人は必ずしも本当の原因を言うわけではない
・人は必ずしも本当の原因を自分でもわかっているわけではない
・もしかしたら、相手は認められたいだけかもしれない

【メンタル管理】気分が悪い本当の原因は?

さて、次の「問い」では、先ほどのリスク管理と重なる部分もある「メンタル管理」をテーマにしながら言語化力トレーニングを行ってみたいと思います。

あなたは同僚とご飯を食べています。あなたはつい愚痴をこぼしてしまいます。

あなた「最近、仕事中についイライラしちゃって」
同　僚「忙しすぎるからじゃないの?」
あなた「イライラの理由が自分でもわからないんだよねぇ。何が原因なんだろう?」

さて、あなたは自分がなぜイライラしてしまうのだと思いますか? 自分が最近仕

【メンタル管理】

気分が悪い本当の原因は何か?

思考

(どう思う?)

理由

(なぜそう思う?)

事でイライラしたできごとを思い浮かべながら、書き出してみましょう。

＊＊＊＊＊＊＊＊

さて、2分たちました。いかがでしたか？

誰しも必ず経験する仕事中のイライラ。だからこそ、「あ、今自分、イライラしてる」と気づいたときにどう対処すればいいのか。その原因と対処法をしっかりと言語化しておくことは大切です。

たとえば、仕事が思うように進まずにイライラしてしまうのは、ぜんぶ周囲の人のせいなのか？　もしかして自分の相談の仕方が雑だったために、思うように仕事が進んでいないだけではないのか？　それとも、自分の余計なプライドがイライラの原因になっていないか？

このように、過去に仕事でイライラした経験を思い浮かべ、当時の自分に対して、なぜイライラしてしまったのかを事細かく自己取材し、メモに書き出しながら言語化していく。そうすることで、自分がイライラする本当の原因やその解決策がきっと見えてくるはずです。

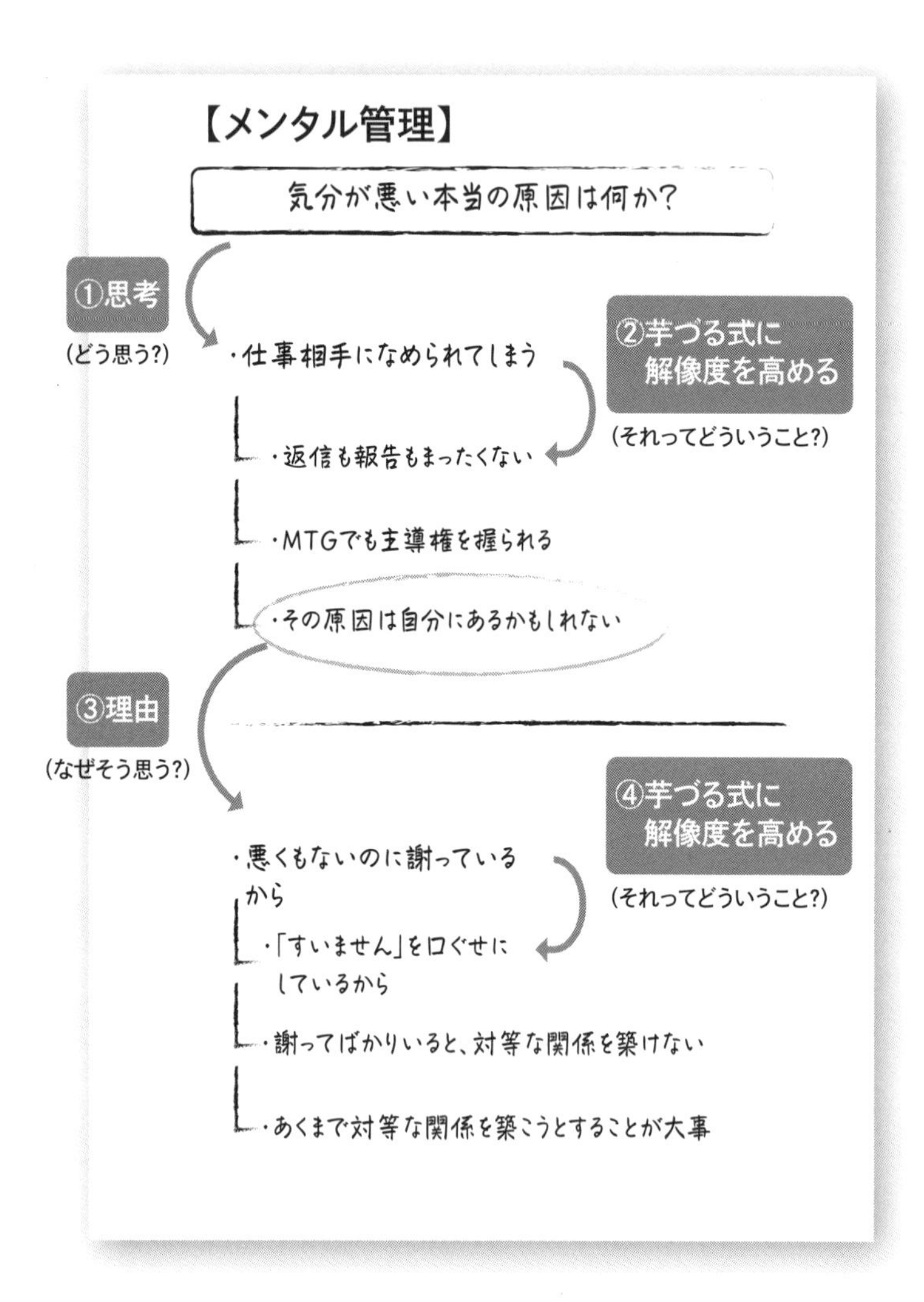
【メンタル管理】
気分が悪い本当の原因は何か?
①思考
(どう思う?)
・仕事相手になめられてしまう
②芋づる式に解像度を高める
(それってどういうこと?)
・返信も報告もまったくない
・MTGでも主導権を握られる
・その原因は自分にあるかもしれない
③理由
(なぜそう思う?)
④芋づる式に解像度を高める
(それってどういうこと?)
・悪くもないのに謝っているから
・「すいません」を口ぐせにしているから
・謝ってばかりいると、対等な関係を築けない
・あくまで対等な関係を築こうとすることが大事

【自己分析】自分が「やりたいこと」は何か？

さて、次は「自己分析」をテーマに言語化力トレーニングをしてみましょう。メンタル管理編も自己分析の一種でしたが、ここでは「今の仕事に対して自分はどう感じているか」という大きな問いを立ててメモ書きを実践してみたいと思います。

もしもあなたが、自分の今の仕事に対して何かしらの不満やモチベーション低下を感じていたら、ぜひ自分ごととして読み進めてみてもらえたら嬉しいです。

場所は居酒屋。数年ぶりに仲のよい同期数名で集まって飲んでいます。部署も仕事内容もまるで違う同期たちのいろんな活躍話を聞いていると、なぜか少しずつ気持ちが沈んでいくあなた。隣に座っていたひとりの同期がその様子に気づき、あなたに声をかけてきます。

【自己分析】

自分が本当にやりたい仕事は何か？

思考

(どう思う?)

理由

(なぜそう思う?)

同　期「大丈夫？　急に口数が減ったけど」
あなた「なんかみんなの話を聞いてると、ひとり取り残された気分になっちゃって」
同　期「どうしたどうした」
あなた「なんか今の仕事が合ってない気がしてさ」
同　期「そうかなぁ……じゃあ本当はどんな仕事がやりたいの？」

そう聞かれたあなたは、何と答えますか？　さぁ、メモに書き出してみましょう。
制限時間は2分です。

＊＊＊＊＊＊＊

さぁ、2分たちました。自分が本当にやりたい仕事をパッと言葉にできる人、意外と少ないのではないでしょうか。しかし就職活動の時期は、自己分析を通じて、自分のやりたい仕事を面接官に向かってきちんと答えられていたはず。でも、いざ社会人になってみると、日々の忙しさもあり、自分が本当にやりたい仕事が何なのかを考える時間すら持てない人が多い。それが現実ではないかと思います。

【自己分析】

自分が本当にやりたい仕事は何か？

①思考
(どう思う?)

・裁量の大きい仕事がしたい
- ・自分の貢献度がわかりやすい仕事がしたい
- ・大きなチームより小さなチームで仕事がしたい
- ・若くても自分の意見が反映される仕事がしたい

②芋づる式に解像度を高める
(それってどういうこと?)

③理由
(なぜそう思う?)

・自分は人から認められたい欲求があるから
- ・認められることで仕事のモチベーションが高まる
- ・裁量が小さいと、認められているのかわかりづらい
- ・裁量が大きければ、自分の貢献度もわかりやすい

④芋づる式に解像度を高める
(それってどういうこと?)

自分が本当にやりたい仕事が言語化できていない状態は、実にもったいないと感じます。自分にとって仕事をすることの大きな目標がわからないまま働いていると、なかなかモチベーションも上がらない。周囲にも本当にやりたい仕事が伝えられないから、そういう仕事が回ってこない。他にも、あなたの仕事に対するさまざまなよくない影響が考えられます。

しかし、その逆もしかりです。本当にやりたい仕事がきちんと言語化されている。それだけで、仕事に対する日々の姿勢は必ず変わってきます。そして、結果にも表れてきます。野球の大谷翔平選手が高校時代に81個ものマス目にひとつずつ目標を書いた「目標達成シート」を作成していたというのは有名な話ですが、言語化することで自分の意識や行動は確実に変化していきます。

この「言語化力トレーニング」を活用して、ぜひ本当にやりたい仕事を自分自身に問うてみてください。その答えは、すでに、あなたの中に存在しているはずですから。

【転職】
なぜその会社に行きたいのか？

さて、次の「問い」は「転職」をテーマに言語化力トレーニングを行ってみたいと思います。

ここ数年で転職がずいぶん当たり前の時代になりました。むしろ、転職を一度もしていないのはキャリアとしてあまりよくないという意見を持つ人も増えていると聞きます。私が就職活動をしたのは約20年前ですが、もはや隔世の感すらあります。

ただし、転職は「目的」ではなく、あなたが仕事を通じて得たい何かを手にするための「手段」である。その本質は今も昔も変わらないと思います。

あなたは転職を通じて何を成し遂げたいのか。そこがしっかりと言語化できていることで、転職活動での面接がうまくいくのはもちろん、転職することへの心のゆらぎや、転職したあとの後悔もきっと減らせるはずです。

【転職】

なぜその会社に行きたいのか？

思考
（どう思う？）

理由
（なぜそう思う？）

転職を考えているあなたも、今はまだ転職を考えていないあなたも、こんな時代ですから、仮でもよいので転職希望先の会社を想像しながら、メモに書き出してみてください。

では制限時間2分で、早速始めてみましょう。

＊＊＊＊＊＊＊＊

さて、2分たちました。いかがでしたか？

今回は転職先の会社を想定した「問い」でした。なぜその会社に行きたいのかを考えることは、自分が仕事に求めるものをあらためて考えることと同じだったのではないかと思います。

今の自分が仕事に求めているものは何なのか。仕事の内容？ 会社の規模？ 金銭面？ プライベートとの時間的なバランス？ 他にも仕事を選ぶ上でのさまざまな要素がある中で、あなたが一番大切にしたいポイントは何なのか。そして、その理由は何なのか。

自分の中でモヤモヤとしていた仕事に対する価値観を、「言語化力トレーニング」

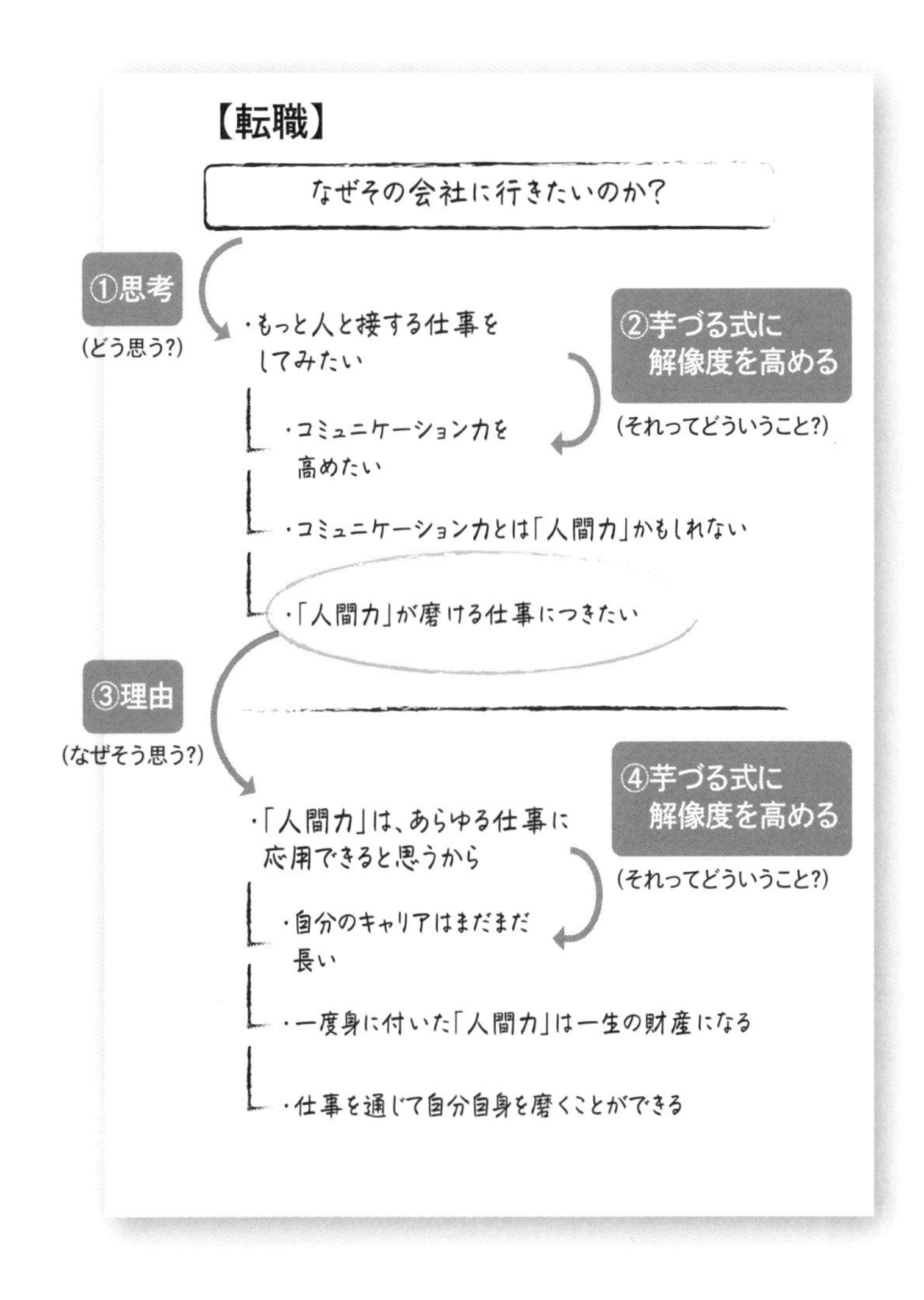
【転職】
なぜその会社に行きたいのか？
①思考
(どう思う?)
・もっと人と接する仕事をしてみたい
②芋づる式に解像度を高める
(それってどういうこと?)
・コミュニケーション力を高めたい
・コミュニケーション力とは「人間力」かもしれない
・「人間力」が磨ける仕事につきたい
③理由
(なぜそう思う?)
④芋づる式に解像度を高める
(それってどういうこと?)
・「人間力」は、あらゆる仕事に応用できると思うから
・自分のキャリアはまだまだ長い
・一度身に付いた「人間力」は一生の財産になる
・仕事を通じて自分自身を磨くことができる

を通して言葉にしてみる。そうすることで、自分が本当に仕事に求めるものを再発見する機会になるはずです。

「いやいや、転職する気はないし、今回の問いは自分には関係ないな」とあなたが思われたとしたら、「問い」の内容を「今の会社で働きたい理由は何か?」と少しアレンジしてメモに書き出してみてはいかがでしょうか。

あなたが今の会社や仕事のどこに魅力を感じているかを言語化することで、明日からの仕事に対する意識や行動がよりよい方向へ変わるのではないかと思います。

【独学】なぜ英語を勉強するのか？

さて、次は「独学」をテーマに言語化力トレーニングを行ってみましょう。

最近は社会人になってもスキルアップを求めて勉強に励む人が増えています。先ほどのテーマである転職のために語学や資格の勉強をしたり。興味のある分野の学びを深めるために働きながら大学院に通ったり。人生100年時代のキャリアを考えたときに、素晴らしいことだと思います。

ただし、最初は高いモチベーションを持って始められた勉強も、仕事やプライベートの忙しさもあり、気づけばなかなか続けられない。そんな方も少なくないのではないでしょうか？

そんなときこそ、言語化です。大人になってからの勉強は、学生時代のそれとは違います。義務教育ではありませんし、テストの点が悪かったからといって落第することもありません。あくまで、自分の意志で自分のためになると信じて取り組む勉強がほとんどです。

しかも、日中は仕事をしなければならない。家族との時間もある。趣味の時間も欲しい。そんな状況でも「なぜ自分は勉強しているのか？」に対する答えがしっかり言語化できていれば、ふと挫けそうになったときにその言葉を思い出し、心機一転、勉強に取り組めるはずです。

今回は独学の中で特に取り組んでいる人の多い「英語」を例に言語化力トレーニングをしてみたいと思います。あなたがもしも、英語以外の勉強に取り組んでいるのであれば、「英語」の部分をそちらに変えてやってみてください。制限時間は2分。それでは、メモに書き出してみましょう。

＊＊＊＊＊＊＊＊

さて、2分がたちました。いかがでしたか？ 今回は「なぜ英語を勉強するのか？」という問いでした。しかしメモに書き出していくと、英語を勉強することが目的ではなく、英語を使って何を実現したいのか、仕事や人生で成し遂げたい本来の目的が少

【独学】

なぜ英語を勉強するのか?

思考
(どう思う?)

理由
(なぜそう思う?)

しずつ浮かび上がってきたのではないでしょうか？
そしてきっと気づくはずです。英語を身に付けることは、あくまで目的を達成するための手段でしかない、と。

「英語は手段？　いやいや、そんなの当たり前でしょう？」と思われるかもしれません。ですが、英語の勉強を続けていくうちに、ついつい英語を勉強すること自体が目的化してしまうことは実に起こりやすい。

そして「ああ、今日は英語の勉強をする時間が取れなかった……」とか「英語をやんなきゃいけないのはわかってるけど、ついつい溜め込んでたドラマ観ちゃった……」とか、気づけば、英語の勉強ができたかできなかったかでその一日を評価してしまうようになる。英語の勉強をすること自体が目的になってしまっているからです。

どうでしょう、こんな経験、あなたにはないでしょうか？

この「目的と手段の入れ替わり」は、勉強のみならず、あらゆる場面でよく起こります。会社の先輩から「企画を考えてみて。せっかくだから面白いやつ」と言われて、

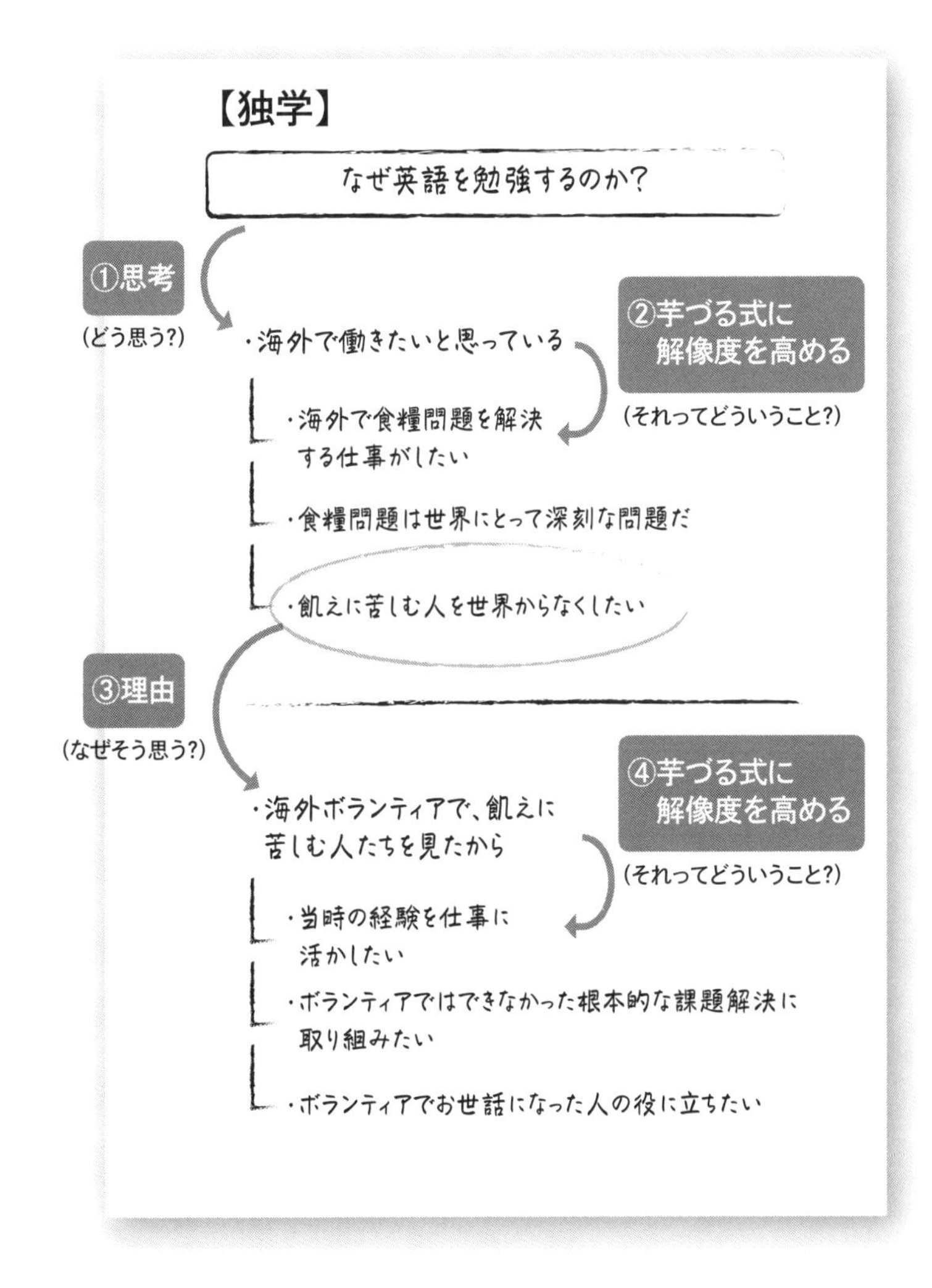
【独学】
なぜ英語を勉強するのか?
①思考
(どう思う?)
・海外で働きたいと思っている
②芋づる式に解像度を高める
(それってどういうこと?)
・海外で食糧問題を解決する仕事がしたい
・食糧問題は世界にとって深刻な問題だ
・飢えに苦しむ人を世界からなくしたい
③理由
(なぜそう思う?)
・海外ボランティアで、飢えに苦しむ人たちを見たから
④芋づる式に解像度を高める
(それってどういうこと?)
・当時の経験を仕事に活かしたい
・ボランティアではできなかった根本的な課題解決に取り組みたい
・ボランティアでお世話になった人の役に立ちたい

企画を面白くすることが目的になり、気づけばその企画で成し遂げるべき本来の目的を見失ってしまう。他にも「明後日までに企画書を仕上げてきて」と言われて、締め切りに間に合わせることが目的になり、企画書の中身がおろそかになる。

とにかく人は、目の前の課題に囚われて、本来の目的を見失いがちな生き物です。

繰り返しになりますが、そんなときこそ、言語化です。**本来の目的をしっかりと言葉にしておくこと。**そうすれば、なぜ今それを自分がやっているのか、いつでも立ち戻ることができます。

今回の「問い」のテーマでいえば、なぜ自分がその勉強をやっているのかに立ち戻ることができる。だから、勉強が続きやすくなる。このことは大事なポイントなので、第5章でもう少し詳しく触れたいと思います。

【雑談】自分にとって「リラックス」とは何か？

さて、実践編の最後は「雑談」をテーマにした「問い」で言語化力トレーニングを行ってみたいと思います。

ここ数年、リモートワークが増えたことで、仕事における雑談の価値があらためて注目されるようになっています。

私も出社せずに家で仕事をする機会が増えたのですが、これまでやっていたように職場の人との何気ない雑談をリモート環境で行うのは非常に難しいなと感じています。

本当は雑談の中にこそ、自分にはない新しい視点や情報があるので、何とも悩ましいところです。

リモートワーク環境下で、どうすれば雑談を増やせるか？　そんなテーマであなたと一緒にアイデアを考えられたらとても面白そうなのですが、本書の目的はあくまで言語化力を磨くこと。

そこで今回は「リラックス」をキーワードに、最近減っている仕事中の雑談時間をできるだけ有意義に過ごせるよう、あなたの「思いや意見」を言語化してストックしておくトレーニングをやってみましょう。それでは、メモとペンを手に、早速始めてみてください。

＊＊＊＊＊＊＊＊

さて、2分がたちました。いかがでしたか？　今回のテーマも、特に正解があるものではありません。

最近自分がリラックスできた瞬間はいつだったか？　そのとき、どんな気分になっ

【雑談】

自分にとってリラックスとは何か?

思考
(どう思う?)

理由
(なぜそう思う?)

たのか？　リラックスを感じられた理由は何か？　他にも似たような経験はなかったか？　幼い頃に似たような原体験はなかったか？

このように、自己取材をするようなイメージで、これまでモヤモヤと言葉になっていなかった「リラックス」に対する思いを、どんどんメモに書き出していってもらえたらと思います。

今回は雑談というテーマだけあって、「問い」は無数に考えられます。ぜひ繰り返し言語化力トレーニングを続けてみてください。その日ふと気になったニュースや、通勤中にふと目にした光景など、まずは自分が気になったテーマで構いません。

とにかく少しでも気になったら、2分間だけ、なぜ気になったのかをメモに書き出してみる。

その習慣をつけるだけで、あなたの言語化力は必ず上がります。そして数か月後には、雑談の場でも、自分なりの「思いや意見」がパッと言える状態にきっとなっているでしょう。

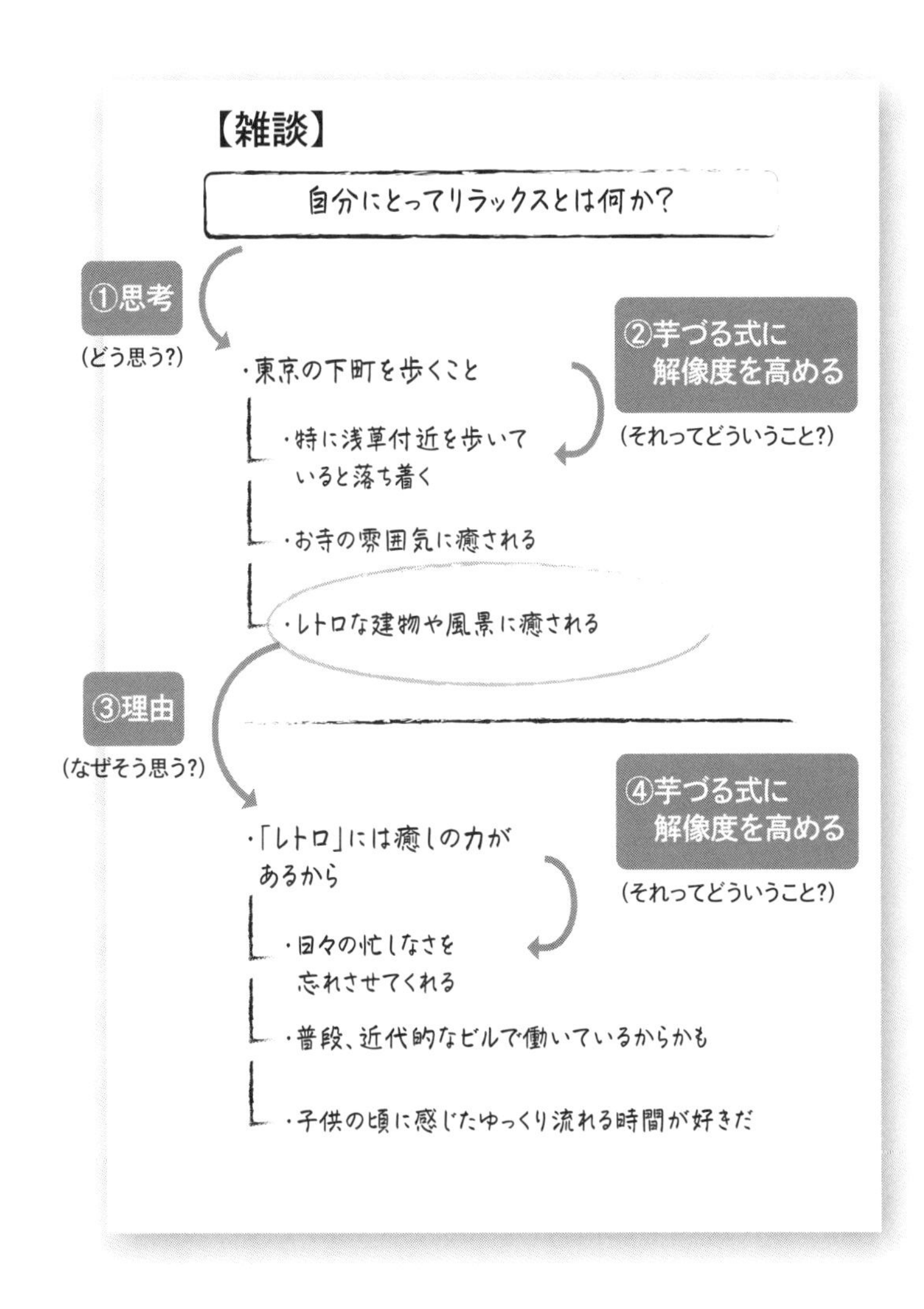
【雑談】
自分にとってリラックスとは何か？
①思考
(どう思う?)
・東京の下町を歩くこと
②芋づる式に解像度を高める
(それってどういうこと?)
・特に浅草付近を歩いていると落ち着く
・お寺の雰囲気に癒される
・レトロな建物や風景に癒される
③理由
(なぜそう思う?)
・「レトロ」には癒しの力があるから
④芋づる式に解像度を高める
(それってどういうこと?)
・日々の忙しなさを忘れさせてくれる
・普段、近代的なビルで働いているからかも
・子供の頃に感じたゆっくり流れる時間が好きだ

この第4章では、ビジネスで使えそうな具体的な「問い」を立てて、一緒に「言語化力トレーニング」を実践してみました。

いかがでしたか？　実際にやってみると、決して難しいトレーニングではないことがご理解いただけたのではないでしょうか？

もうここまでくれば、あとは日々の実践あるのみ。この非常にシンプルなトレーニングを続けるだけで、あなたの言語化力は着実に、そして確実に向上していくでしょう。

その上で、次の最終章では、私がコピーライターとして仕事をしてきた経験を踏まえて、「さらに言語化力を上げるために大切だと感じる思考や方法」についてご紹介させていただこうと思います。

ここまでの「言語化力トレーニング」とあわせてお役に立てたら嬉しいです。

CHAPTER5

もっと「言語化」できるようになる方法

発展編

「今のチームの課題点は何だろう?」

このような問いに対し、思いついたことを
「まずは何でも書き出してみる」。
それがこれまで本書でお伝えしてきたことです。
この習慣を身につけるだけで、言語化力は
格段にアップするはずです。

もしもあなたが、さらに高いレベルの「言語化力」を
目指したいなら。

「何でも書き出してみる」をもう少し分解して、「書く内容」自体も意識してみるとよいかもしれません。

では、「書く内容」をどう意識すればいいのか?

最終章では、より言語化力を磨くための方法を
お伝えして、本書の締めとしましょう。

さらに言語化力を磨くコツは「経験を思い出す」こと

ここまでお読みいただければ、言語化力とは何か、言語化力を磨くことの大切さ、そして、メモを使った「言語化力トレーニング」まで、ずいぶん理解を深めていただけたのではないかと思います。

特に第4章で一緒に実践したトレーニングを習慣化してもらうだけで、確実に効果を実感してもらえると思いますので、本書を読み終えたあとも継続して取り組んでいただければ幸いです。

しかし、中にはこのトレーニングに加えて、さらに言語化力を高める方法を知りたいという方もいることでしょう。

本書の最後となる第5章では、私がコピーライターとして仕事をしている中で、言語化という視点で大切にしている習慣、思考法、具体的なメソッド等をご紹介させていただこうと思います。本書の「言語化力トレーニング」にプラスして取り入れていただくことで、より確実に、そして着実に言語化力を磨いていく一助になればという思いからです。

さて、今後あなたがご自身で「言語化力トレーニング」に取り組んでいくなかで、もしかしたら、少し悩んでしまうことがあるかもしれません。それは、このトレーニングが何を書き出してもいい分、何をとっかかりに書き出せばよいかわからない、という悩みです。

制約がないというのは、一見自由に見えて、実はとても不自由です。そのことは、私が普段コピーを書いたり、広告を作ったりしていてもよく感じます。

もしも私がクライアントから、「今回の広告では、予算はいくら使ってもらっても構いません。取り上げてもらう商品も自由に選んでください。ターゲットも誰でも構いません。とにかく自由にアイデアを考えてみてください」と言われたら、正直にいいますと、ちょっと困ってしまいます。「何かもう少し、アイデアを考えるとっかかりになりそうな課題はありませんか?」と、逆に質問してしまうと思います。

このように、自由すぎると何を考えていいのかわからず、結果として何も考えつかない。そんな状況に陥ってしまったりします。そして、それはコピーや広告制作だけに限った話ではない、と思います。どんな仕事にも何かしらの制約があり、その制約を解決したり、乗り越えたりするために、人は頭を使っているからです。

本書でご紹介している「言語化力トレーニング」は、ある意味で、とても自由です。もちろん「問い」や「思考」「理由」などの存在は、トレーニングをする上での制約ではありますが、メモに書き出す内容は自由です。そこには正解があるわけではありません。

だからこそ、自由すぎてなかなか筆が進まない。もしくは、書き出した内容に意味があるのか、不安になってしまう。そんな壁にぶつかることはきっとあるのではないかと想像します。もしもあなたがメモを書き出しながらそんな悩みを感じたら、ぜひ意識してもらいたいことがあります。それは、メモを書き出す際に「自分の経験を思い出す」という意識を持つことです。

そもそも「経験を思い出す」とは何か？

少し抽象的なので、第４章・実践編で最初にトレーニングした問いを例に一緒に考えてみましょう。

問い「今のチームの課題点は何だろう？」

すでに実践していただいているので、そのときのトレーニングを振り返りながら読み進めていただければと思います。

まずこの問いに対して、あなたはどんなことに思いを巡らせましたか？　きっと、今自分が所属しているチームの面々の顔を思い出したり、チームで取り組んだ過去の仕事に関する記憶をたどっていったりしたのではないかと思います。

では、自分のいるチームの課題点は何だろう？と考えたときに、すらすらとメモに書き出していくことはできたでしょうか？　もし、筆が止まってしまったとしたら、何を思い出すことがチームの課題点の言語化につながるか、自分でもあまりわかっていない状態だったからではないかと思います。

このようなとき、メモを通して「問い」に対する言語化を進めていく中でぜひ意識していただきたいのが「自分の経験を思い出す」ということです。

今回の問いでいえば、まずはチームで過ごした自分の経験を思い出してみる、ということになります。チームで会議を行ったときの経験。チームで休憩時間に雑談した経験。チームでご飯に行ったときの経験。きっと、あなたの記憶の中にチームで過ごした経験は無数に存在するはずです。

その記憶の引き出しを片っ端から開けていくような感覚といえばいいでしょうか。**そうやって記憶の引き出しを開けていく作業こそが、自分の中にモヤモヤと眠っていた経験を言語化していく作業そのものなのです。**

いかがでしょうか？　「『言語化力トレーニング』は、問いに対する自分の経験を次々と引っ張り出す作業なんだ」。そう意識するだけで、自分でもメモに書き出せそうな気持ちになってきませんか？

「言語化力トレーニング」に限らず、どんな仕事でも、何かしらのとっかかりや自分なりの型を持っていると、それだけでスッと仕事に取り組めるようになったりしますが、あれと同じです。

繰り返しになりますが、**言語化におけるとっかかりは、「自分の経験を思い出す」こと。**これだけ覚えておいていただければ、メモ書きを通して、きっとあなたの言語化力は自然と磨かれていくはずです。

ただし、自分の経験を思い出す際に、ひとつだけ、非常に大切なポイントがあります。それは**「経験とは何か？」**ということです。あなたなら、「経験とは何か？」と聞かれてどう答えますか？　経験という言葉への理解が、言語化力を上げる大事なポイントになりますので、もう少し詳しくお話ししてみたいと思います。

「経験」＝「できごと」＋「感じたこと」

経験とは何か。もし私がそう聞かれたら、「できごと」と「感じたこと」という2つの要素で構成されていると答えます。

「できごと」とは、まさに過去に体験した事実や事柄そのものです。そして**「感じたこと」とは、過去に体験した事実や事柄を通じて自分が感じたこと**を指しています（図表8）。

過去の経験を思い出してみてくださいと言われると、意外と多くの人が「できごと」ばかりを思い出そうとしてしまい、そこで「感じたこと」にまで意識が及ぶ人が少ないように感じます。

少し概念的な話なので、いまいちピンとこない方もいらっしゃるかもしれません。そこで、先ほど例として挙げた「今のチームの課題点は何だろう？」という問いの「言

図表8 経験とは何か?

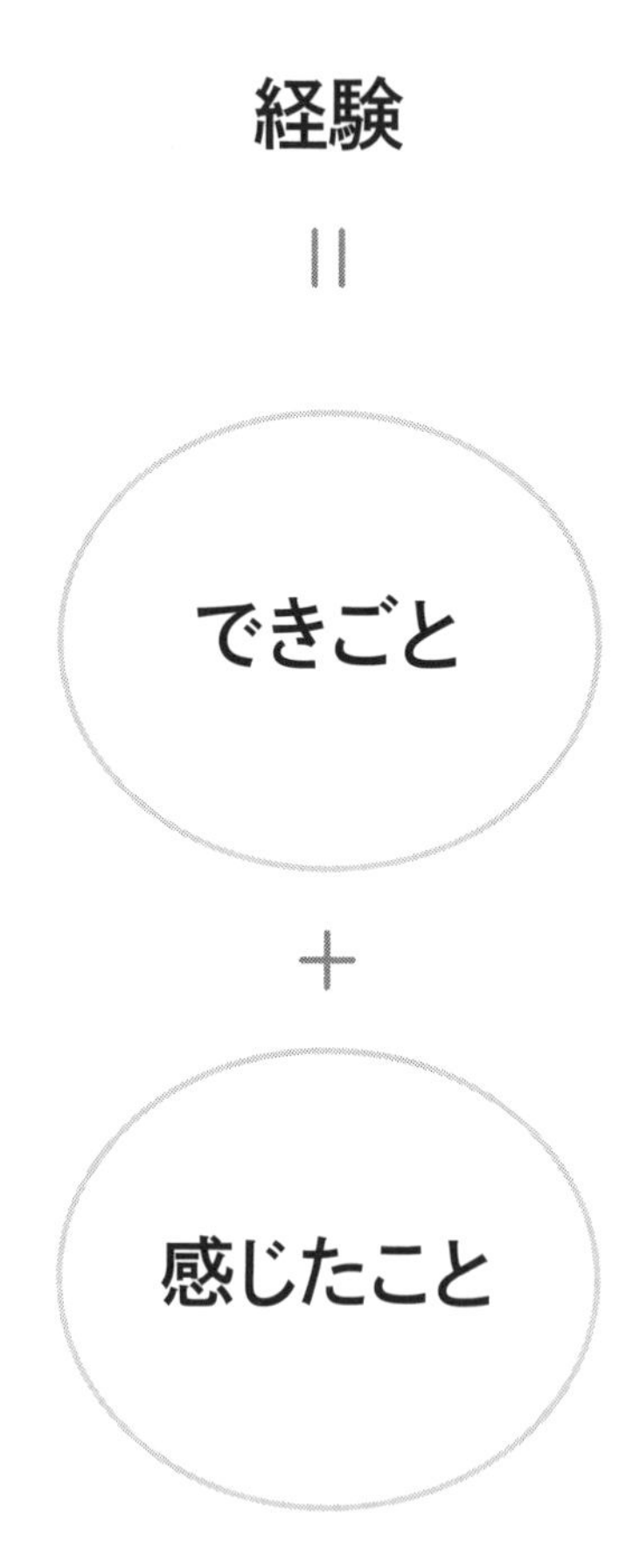

語化力トレーニング」を通じて、もう少し具体的に「できごと」と「感じたこと」の違いをお話ししてみようと思います。

チームの課題点をメモに書き出しながら言語化していくにあたって、まずは「チームでの経験」を思い出そうというお話を先ほどさせていただきました。たとえば、最近チームで行った会議についてご自身の記憶をたどってみましょう。

そのときに重要なのは、「このあいだチームで会議をやったなぁ」という「できごと」で思考を止めないことです。残念ながら「できごと」ばかり思い出しても、それはあなたの意見や思いの言語化にはつながりません。**その「できごと」を通じて、あなたが「感じたこと」は何だったのか。そこにまで思いを巡らすことこそが「チームでの経験を思い出す」ということなのです。**

たとえば、会議でリーダーばかりが発言をしていた場合、あなたはきっと、チーム内の風通しの悪さやメンバーの積極性の低さを感じていたことでしょう。その「感じたこと」こそが、チームに対してあなたがこれまでモヤモヤと感じていた課題点を言語化する、ということなのです。この言語化の瞬間は、「できごと」を思い出すだけ

図表9 チームでの「経験」

経験

＝

できごと
チームで
プレゼンに向けて
会議をした

＋

感じたこと
リーダーばかり発言して
いてチーム内の率直な
意見交換が
少なかった

ではたどり着けません。「できごと」と「感じたこと」までセットで思い出すことで初めてたどり着けるのです（図表9）。

さぁ、ここまでの話を頭の片隅に置きながら、次のページの2つの「言語化力トレーニング」のメモを見てみてください（ここでは「思考」と「理由」のうち、「思考」の部分のみを切り取っています）。どちらのほうがより「思いや意見」の言語化につながるメモになっているでしょうか？

Aは、自分のチームに関して思い出した「できごと」がひたすら書き出されているメモになっています。一方でBは、「できごと」を通じて自身が「感じたこと」までしっかりと思い出し、言葉にして書き出されたメモになっています。この2つのメモを見比べると、Bのほうがより「思いや意見」が言語化されたメモになっているとおわかりになっていただけるでしょうか？

「言語化力トレーニング」において、あなたが立てた「問い」に関する過去の経験を思い出す際に、できごとの中で「感じたこと」をメモに書き出す意識を忘れないこと。それが、本書のトレーニングをより効果的にしてくれますので、ぜひご自身でも実践

A

今のチームの課題点は何だろう?

思考
(どう思う?)

・チームでのミーティングが最近盛り上がらない

芋づる式に解像度を高める
(それってどういうこと?)

・気づいたら、会議で部長ばかり喋っている
・チームのメンバーとあまり話していない
・特にリモートの人は全然話していない

B

今のチームの課題点は何だろう?

思考
(どう思う?)

・チーム内で素直に意見を言い合える雰囲気づくりが大事

芋づる式に解像度を高める
(それってどういうこと?)

・もっと若手が発言しやすい空気づくりが大事
・チームメンバーが一堂に顔を合わせる場が必要
・仕事抜きで、チームで雑談できる時間を増やすべき

してみてほしいと思います。

そして、経験を思い出すことが、言語化力を磨く鍵になることは、本書の「言語化力トレーニング」においてのみの話ではありません。会議中に突然質問をされた場面。企画書で自分の思いをつづるとき。他にも、あなたがビジネスの中で自分の「思いや意見」を求められるどんな場面においても、まずは「経験を思い出す」という意識を持つことが、きっとあなたを助けてくれます。

そして繰り返しになりますが、経験を思い出す際には、「できごと」だけでなく、そこで「感じたこと」をセットで思い出すようにしてみてください。そして「感じたこと」を発言するようにしてください。そのクセをつけるだけで、たとえ突然の質問に見舞われても、あなたにしか言えない意見を自然と言えるようになっていると思います。

「感情」にフォーカスする

「できごと」だけでなく、「感じたこと」もセットで自分の経験を思い出す。そうすれば、自然とあなたの「思いや意見」は言語化されていく。だからこそ次々とメモに書き出すこともできれば、結果としてパッと言葉にすることもできるようになる。

先ほどはそんなお話をさせていただきました。ここからは自分が「感じたこと」にまで思いを巡らすときにぜひ意識しておきたいこと、そこから言語化に導くためのコツをお伝えさせていただきます。

あなたの過去のできごとの中で「感じたこと」を思い出してください。そう言われても、過去の話ですし、そこでどう感じたかなんてなかなか思い出せない。そう思われる方もきっと多いのではないかと思います。

過去のできごとの中であなたは必ず何かを感じているはずではありますが、それが言葉になっていない状態でモヤモヤと頭の中に眠っている。そんな状況で、「感じたこと」を思い出し、言葉にせよと言われても、そうすぐにできるものではありません。

では、何を手がかりに「感じたこと」を思い出せばいいのか？　**そのときのキーワードが「感情」です。**それってどういうこと？　そう思われたあなたのために、もう少し詳しくお話しします。

人は普段からさまざまな種類の感情を持ちながら生きています。次のページの図表10のように、感情の種類を言語化してみると、私たちには実に多くの感情が存在していることにあらためて気づきます。もちろん、自分が今どんな感情になっているのか、いちいち言語化している人はいないと思いますが、あなたは、さまざまなシーンで想像しているよりも多様な感情を抱いているはずなのです。

図表10 感情の種類

受容	信頼	敬愛
平穏	喜び	恍惚
関心	期待	警戒
いら立ち	怒り	激怒
うんざり	嫌悪	強い嫌悪
哀愁	悲しみ	悲嘆
放心	驚き	驚嘆
不安	恐れ	恐怖

感情の強さ →

たとえば、子供と接していて生まれる感情。映画を観たときに生まれる感情。スーパーで買い物をしていたときに生まれる感情。ニュースを見たときに生まれる感情。他にも、あなたが生活していて感情が生まれる瞬間は無数にあります。

それはもちろん、仕事中も同じです。チームで仕事をしていて生まれる感情。部下と話していて生まれる感情。クライアントの悩みを聞いていて生まれる感情。プレゼンをしながら生まれる感情。企画書を書きながら生まれる感情。仕事の進め方に悩んでいて生まれる感情。他にも、ここに書き切ることはできませんが、仕事中のあらゆる瞬間で、あなたの中には何かしらの感情が生まれ続けているのです。

このように、過去のできごとの中で、ふと感情が生まれた瞬間はなかったか。感情が動いた瞬間はなかったか。そうやって、自分の過去の感情のゆらぎに目を向けることが、あなたがそのできごとで「感じたこと」を思い出すきっかけをくれるはずです。

感情はいつも、言葉にならないメッセージをあなたに発信しています。そこに耳を傾けることが、あなたの「思いや意見」を言語化する第一歩でもあります。ぜひあなた自身の感情のゆらぎに、いつも敏感であってほしいと思います。

SNSを活用して言語化力を磨く

私がまだ駆け出しのコピーライターだった頃、まだ世の中にはSNSというものがほとんどありませんでした。そこからさまざまなSNSが誕生してきましたが、言葉を扱う仕事をしている私としては、ツイッターの登場には非常に衝撃を受けたことを今でも鮮明に覚えています。

発信する内容は基本は言葉。しかも140字という制限もある。そんな制約の多いSNSを果たしてみんな使うのだろうか？と当時は感じたものですが、あの日から約15年、今ではすっかり大勢の人の日常の一部になっています。こんなにも多くの人が日常で感じたことをわざわざ言葉にして発信するという時代は歴史的にみてもこれまでなかったのではないでしょうか。

でも、この「感じたことをわざわざ言葉にする」という行為こそ、まさに言語化の作業そのものでもあります。もしあなたがＳＮＳを使うことにあまり抵抗がなければ、ぜひ積極的に使ってみてもらえるといいのではないでしょうか。

そして、言語化力トレーニングとしてＳＮＳを活用する場合も、あなたの経験を発信することをぜひ意識してみてください。**「経験を発信する」とは「できごと」と、そのできごとを通じて「感じたこと」をセットで発信するということです。**

この点について、もう少し一緒に考えてみましょう。ちなみにここからの話は、あくまで言語化力トレーニングとしてＳＮＳを活用するとしたら、という視点での内容になります。「ＳＮＳなんて自分の好きに書き込めばいいだろう！」と思われる方もきっといらっしゃると思いますが、あまり怒らずに読み進めてもらえると嬉しいです。

たとえば、会社のメンバーと休日にキャンプに行った経験をＳＮＳに書き込む文章を考えてみましょう。あなたなら何と書き込みますか？　まず最初に思いつくのがこういう書き込みではないかと思います。

「会社のメンバーでキャンプしてきた！」

この書き込みはまさに「できごと」そのものです。もしSNSを活用し言語化力を磨くトレーニングをするなら、この先の「感じたこと」までしっかり言葉にすることがポイントになります。

「上司が意外と料理が上手で驚いた」
「キャンプをすると料理の腕がばれるんだな」
「料理がうまいのは家で普段からやってるからかも」
「キャンプをすると家での様子が垣間見える気がした」
「キャンプはその人の違った一面を見せてくれる時間だ」
「自分はもしかしたら上司を肩書きだけで見ていたのかもしれない」
「人にはみんな、会社生活だけでは見えてこない魅力がある」
「これからはもっとその人自身のことを見ようと思った」
「チームづくりの手段として定期的なキャンプは効果的かも」

……

他にもたくさんあると思いますが、このように「できごと」を通じてあなたが「感じたこと」をどんどん言葉にして書き込んでみる。するとどうでしょう？　キャンプ中はその時間そのものが楽しくてきちんと言語化されていなかった気づきや思いが、SNSの書き込みを通じて次々と言葉になって目の前に現れてきます。

もしもあなたが「会社のメンバーでキャンプしてきた！」という書き込みだけで終わらせていたら、これらの気づきや思いが言語化されることはきっとないのではないかと思うのです。

さらに、週明けに会社に行ったときに上司から「キャンプどうだった？」と質問をされた場合も、これならしっかりとあなたの言葉で感想を述べることができます。「……はい、楽しかったです」という淡白な受け答えで終わることはきっとないでしょう。

ここまでお読みいただければ、今回お伝えしたSNSを活用した言語化力トレーニングは、第3章・第4章で詳しくご紹介した「言語化力トレーニング」と基本的な狙いは同じだとお気づきになったかもしれません。

その上で、SNSを活用したトレーニングは、メモによるトレーニングの発展系だと私は考えています。

それはなぜでしょうか。皆さんご存知のとおり、SNSの場合はあなたが書き出した内容を誰かが見る可能性があるからです。

本書ではこれまで、言語化力を上げる上で、基本的に自分の経験をひたすら書き出してみることの大切さをお話ししてきました。

では、書き出していくときの言葉について、誰かに伝えることを前提にした際に、何か意識することはあるのか？　ここからは「伝わる言葉」も意識して書き出すことの大切さについて一緒に考えてみたいと思います。

言語化のための隠れた「3つ目のステップ」

ここまで繰り返しお話ししてきた「言語化」という言葉ですが、モヤモヤとした「思いや意見」を単純に言葉にすることか？と言われると、ちょっと違う気がしています。

そもそも、あなたが言語化力を磨きたい目的とは何でしょうか？　ビジネスの会議やプレゼンの場で、もしくは、企画書などの資料を書く際に、あなたの中にある「思いや意見」をちゃんと言えるようにしたい。ちゃんと伝えられるようになりたい。そんな気持ちがあるからだと思います。その目的を叶える手段として言語化があるわけです。

ならば、相手に伝わる言葉でないと意味がない。言語化をもう少し丁寧に定義すると**「自分が感じたことを、相手が理解・共有できる言葉で表現すること」**だと私は考えます。だからこそ言語化力を磨けば、あなたが感じたことを相手にブレなく伝えることができるようになります。それは、絵やイラスト、身振り手振りで伝えるよりも、言葉が得意とする領域だからです。

実はこのお話は、第1章でご紹介した「what to say」と「how to say」の話ともつながっています。第1章では「どう言うか（how to say）」より「何を言うか（what to say）」が大事であるというお話をさせていただきました。その点についてはもちろん変わりはありません。

ですが、「何を言うか（what to say）」が自分の中で整理されたあとに、それを「どう言うか（how to say）」を工夫することで、あなたの「思いや意見」がより相手に共有・理解されるようになるはずです。

ここでいったん、本書でご紹介してきた「思いや意見」の言語化をあらためて整理してみたいと思います。すると、このような3つのステップで構成されることがわかります（図表11）。

ステップ①とステップ②については、すでに第3章・第4章で一緒に繰り返し実践してきた「言語化力トレーニング」でやってきたこと、そのものです。あなたが自分の経験を通じて「感じたこと」、すなわち、あなただけの「思いや意見」を言葉にして整理する方法はすでに学んでいます。

図表11 言語化の3つのステップ

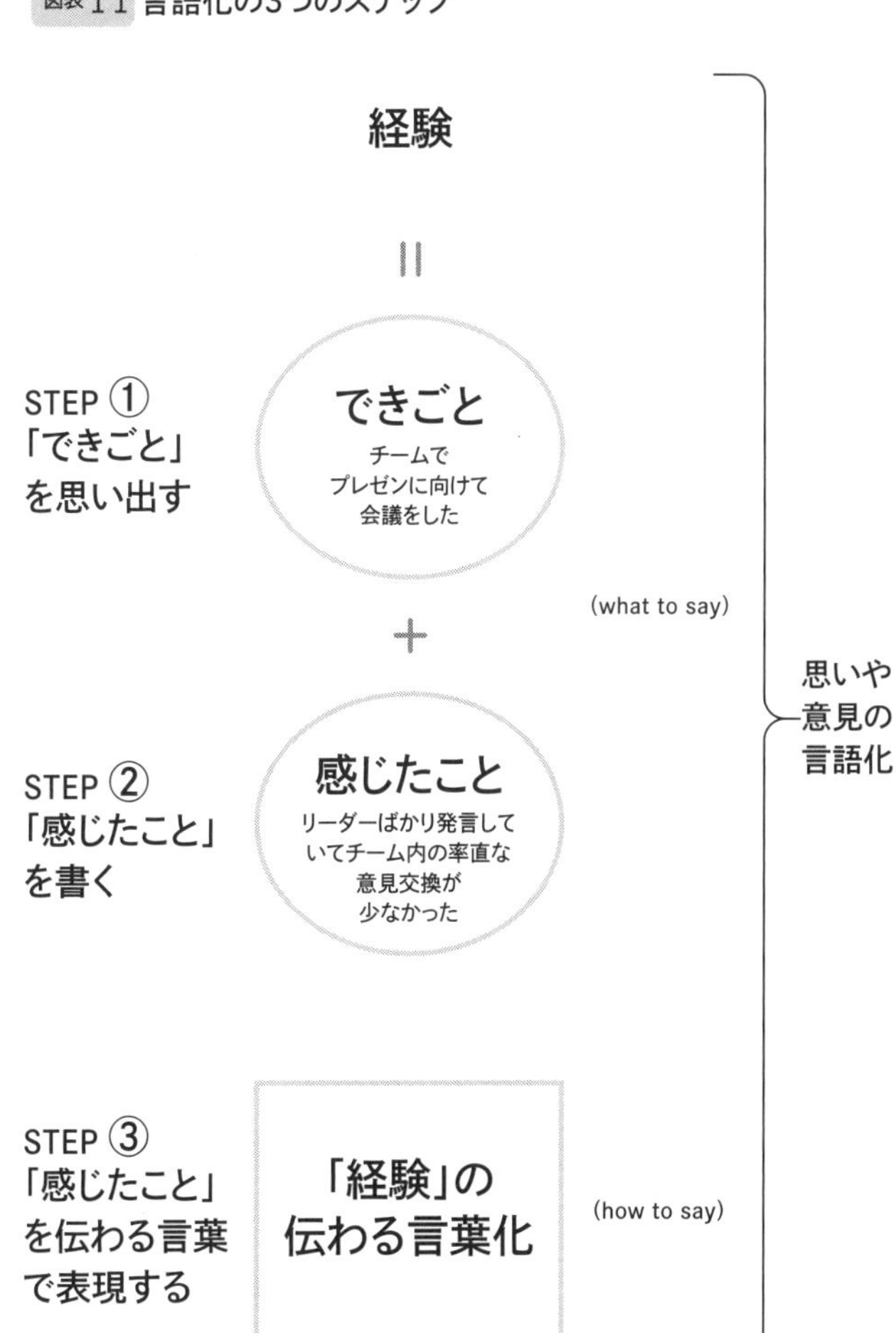

あとはステップ③で、あなたの中で整理された「思いや意見」をいかに相手に伝わる言葉で表現できるか。その部分さえ磨くことができれば、あなたの言語化力はさらに向上していくでしょう。

ただし、ステップ③のテーマである「『経験』の伝わる言葉化」がうまくできなくても、そこまで大きな問題ではないと個人的に考えています。たとえば、会議やプレゼンなどの場を思い出してみてください。発言者の言葉がたとえ詰まりながらのつたない言葉だったとしても、きちんと中身のある発言であれば、相手の「思いや意見」はしっかり伝わってきますよね？ **大事なのは、そこに発言者自身の思いや意見がしっかり存在していること。**それが伝わりやすい言葉になっているかは、あくまでプラスアルファの話だと思うからです。

ですが、第5章は発展編ですので、ステップ③の「『経験』の伝わる言葉化」についても、せっかくの機会ですので少しだけ一緒にトレーニングしてみましょう。

できるようになればなおよし、という内容ですので、あまり肩肘を張らずに気楽な気持ちで取り組んでもらえたら嬉しいです。

思いや意見を「より伝わりやすくする」には？

「『経験』の伝わる言葉化」のトレーニングをご紹介をする前に、まずひとつお伝えしたいことがあります。もしかしたら「言語化力を身に付けるために、これまでやってきたものとは別のトレーニングもしないといけないのか……。大変だ……」と肩を落とされた方がいるのではないかと思ったからです。

たしかに取り組む内容は多少異なりますが、基本的には本書の「言語化力トレーニング」の延長にあたるものです。そのことをより実感していただくために、ここでは第4章の実践編で一度取り組んだ会議編をテーマに取り上げたいと思います。そうすることで、ステップ③「『経験』の伝わる言葉化」の内容が、本書であなたがこれまで取り組んできた内容とつながっていることが実感していただけるのではないかと思います。では早速「『経験』の伝わる言葉化」のトレーニングを一緒にやってみましょう。このトレーニングもこれまで同様にメモとペンを使いますのでご準備をお願いします。

まずは、第4章・実践編で取り組んだように、言語化したいテーマの問いを書きます。今回は会議編で一度取り組んだ「今のチームの課題点は何だろう?」という問いにしてみましょう。すでに一度トレーニングしているものなので同じメモの内容でも構いませんし、せっかくなのであらためて新しいメモを書き出していただいても大丈夫です。その際は、自分の経験を思い出しながら「できごと」とそこで「感じたこと」をしっかり区別して、あなたが「感じたこと」を書き出す意識を忘れないようにしてください。

それでは、いつものように制限時間は2分間。始めてみましょう。

＊＊＊＊＊＊＊

さて、2分たちました。まずは、ご自身が書き出したメモを見つめてみて、そこにあなたが経験の中で「感じたこと」が書き出されているかをチェックしてみましょう。もしも書き出した内容が「できごと」で止まっているな、と感じたら、そのできごと

今のチームの課題点は何だろう？

思考
（どう思う？）

・チーム内で意見を率直に言い合える雰囲気づくりが大事

芋づる式に解像度を高める
（それってどういうこと？）

・若手がもっと発言しやすい空気づくりが大事
・チームメンバーが一堂に顔を合わせる場が必要
・仕事抜きで、チームで雑談できる時間を増やすべき

理由
（なぜそう思う？）

・チームメンバーの知らない一面を知ると、年次に関係なく尊敬できると思うから

芋づる式に解像度を高める
（それってどういうこと？）

・お互いをリスペクトしつつ、ストレスなく仕事に取り組める
・ベテランにはベテランの、若手には若手の得意なことがある
・得意な人に任せたほうが、仕事の質も効率も上がる

を通じてあなたが「感じたこと」にぜひ書き直してみてください。

さぁ、チームについてあなたが感じることが目の前のメモに言葉になって現れました。それではここから、思いや意見をより伝わりやすくするトレーニングを始めていきます（ここでは先ほど例として提示した249ページのメモをもとに行ってみます）。このトレーニングでは、具体的には次の2つのステップを踏むことで、自然と伝わりやすい言葉に変えることが可能です。

①メモに書き出したあなたの思い・意見を「グループ化」する
②できるだけ「端的な言葉」にする

それではこの2つのステップについて、ひとつずつ一緒に考えていきましょう。

①書き出した言葉を「グループ化」する

「言語化力トレーニング」の大切なポイントは、設定した問いに対してあなたが思い出したことは何でも書き出していくというものでした。つまり、あなたが書き出したメモは、頭の中にモヤモヤと存在していた思いや意見が整理されずそのままの状態で言葉化されたものとなっているはずです。

そこで**今回は、書き出したメモの中で似たような内容だと感じるものを、自分なりにグループ化して整理してみましょう。**そしてグループにA、B……と名前を付けてみましょう。たとえば、次のページのようなイメージです。

Aグループは、「チームメンバー同士がもっと意見を言い合える雰囲気づくりが大切だ」という意見になります。その中で、特に若手が発言しづらい空気があることにあなたは課題を感じていることがわかります。Bグループは、リモート勤務が増えてきた昨今の現状を踏まえて、「メンバー同士がもっと顔を合わせる場の必要性」を感

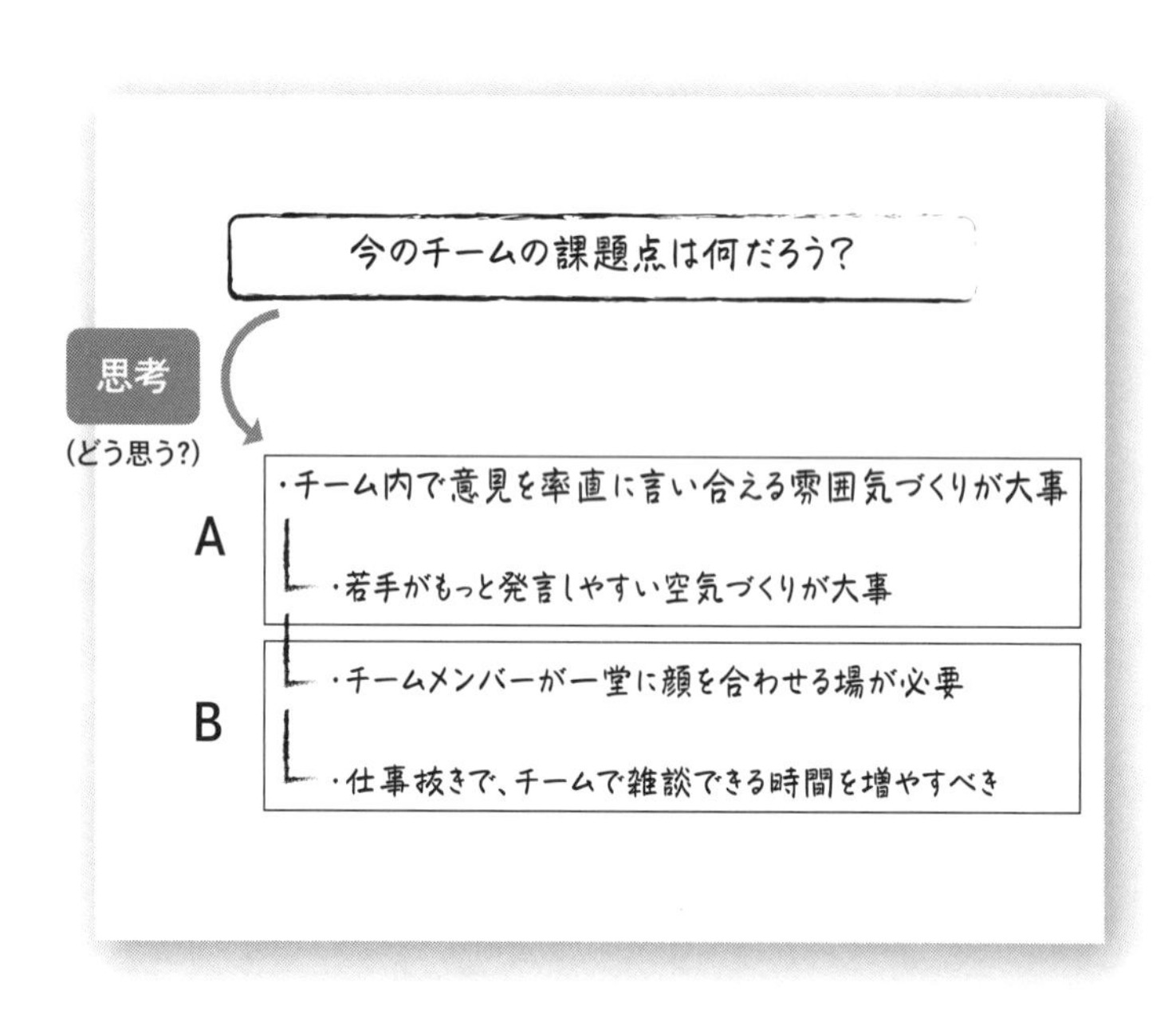
今のチームの課題点は何だろう?
思考
(どう思う?)
A
・チーム内で意見を率直に言い合える雰囲気づくりが大事
・若手がもっと発言しやすい空気づくりが大事
B
・チームメンバーが一堂に顔を合わせる場が必要
・仕事抜きで、チームで雑談できる時間を増やすべき

じているようです。さらに、ただ顔を合わせるだけでなく、仕事に関係のない雑談を通してお互いをもっと深く知る時間が必要だと感じていることがわかります。

このように、箇条書きに書き出したメモをあらためてグループ化することで、あなたの頭の中にモヤモヤと存在していた「思いや意見」が整理されていくことをきっと実感していただけると思います。

②できるだけ「端的な言葉」にする

さて、グループ化を通じて、「思いや意見」が整理されたら、次はいかに相手に伝わりやすい言葉にするか。そのトレーニングをやってみましょう。そのときに一番意識したいのが「できるだけ端的な言葉や文章にする」ということです。なぜなら、残念ながらあなたが思っている以上に、あなたが言いたいことや書いたことは、相手に伝わらないからです。

私はコピーライターとしてテレビコマーシャルの制作に携わる機会も多くありま

す。日本のテレビコマーシャルは15秒で作られることが多いのですが、そのときによく言われるのが**「15秒で伝えられるのはワンメッセージだ」**ということです。

もちろんテレビコマーシャルを見るときの視聴態度と、会議やプレゼンでの試聴態度が一般的に異なることは理解しています。ですが、**相手に何かを伝えるときは「たくさん言っても伝わらない」という意識を常に持つことがとても大事**だと私は考えています。

ここでは、先ほどグループ分けしたあなたの「思いや意見」を、グループごとに端的にまとめるトレーニングを行ってみましょう。修飾語をなるべく削ぎ落としたり、その言葉がなくても通じると感じる単語を削ったりしながら、もともとの内容が最低限伝わる文章にブラッシュアップしてみてください。私のほうで先ほどのメモを端的にまとめると、次ページのようになります。

いかがでしょうか？　今のチームの課題に対して、あなたの中にモヤモヤとしていた「思いや意見」を、このように端的な言葉に集約することができました。まさに、あなたの「思いや意見」が伝わりやすい形で言語化された状態になったわけです。

もちろん端的にまとめる文章にただひとつの正解があるわけではありません。自分

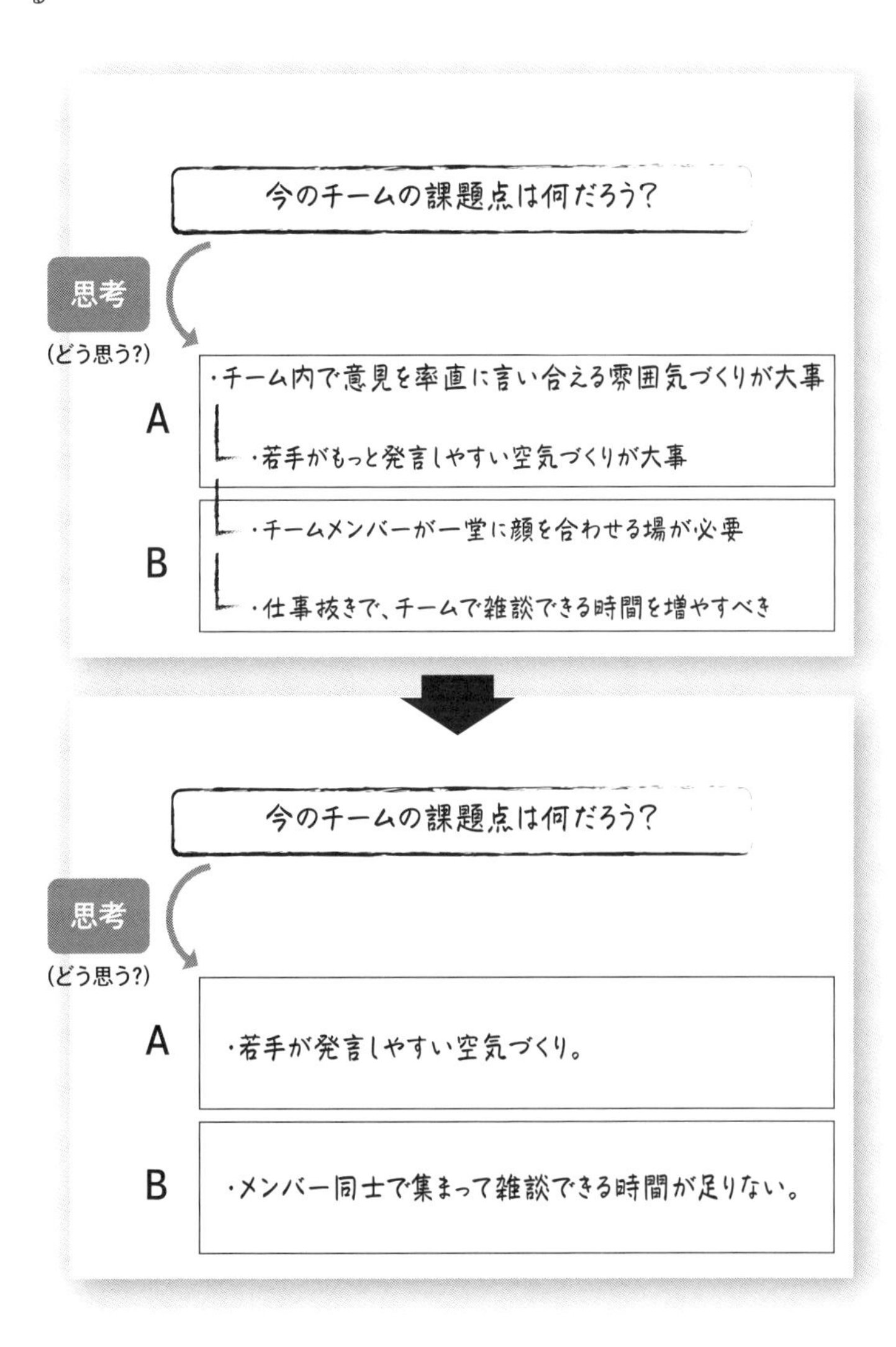
今のチームの課題点は何だろう？
思考
(どう思う?)
A
・チーム内で意見を率直に言い合える雰囲気づくりが大事
・若手がもっと発言しやすい空気づくりが大事
B
・チームメンバーが一堂に顔を合わせる場が必要
・仕事抜きで、チームで雑談できる時間を増やすべき
今のチームの課題点は何だろう？
思考
(どう思う?)
A
・若手が発言しやすい空気づくり。
B
・メンバー同士で集まって雑談できる時間が足りない。

が納得いく文章になるまで、何度も何度も書き直してもらえたらと思います。その書き直す時間こそ、言語化の最後のプロセスであり、自分の中に自分の「思いや意見」が定着していく大切な時間です。

さぁ、ここまでの内容を踏まえて、普段から「言語化力トレーニング」に取り組んでいただければ、あなたの言語化力はさらに磨かれていくはずです。

あとは実践あるのみ。
会議でパッと自分の意見が言えた。企画書で自分の思いが言葉にできた。あなたにそんな日がやってくることを私自身も大変楽しみにしています。

そして最後になりますが、本書のトレーニングの基本であった「メモ」のさらなる活用について、そして、「問い」の大切さについて、第5章のおしまいに少しだけ触れさせていただきたいと思います。

会議メモは「問い」にして残しておく

本書では、言語化力を上げるための手段として「メモ」をトレーニングに活用しています。しかし、トレーニング以外の普段の仕事におけるメモを少し工夫するだけでも、結果として、あなたの言語化力アップにつなげることが可能です。ここでは、そのお話をしてみたいと思います。

たとえば会議に参加したとき、その場でメモを取ることは少なくないのではないかと思います。会議資料には書かれていないけれど、口頭で補足された内容。その場の議論の中で自分的に大切だなと感じたポイント。他にも、メモする内容の種類はたくさんあると思いますが、それらに共通するのは、後日、その会議について自分が考える際に、なるべく考えやすくするためのものだということ（もちろんスケジュール等の事務的なメモは除きます）。

第3章で「メモ書き」の効能についてご紹介した際、メモの語源について少し触れました。メモとは本来自分のためではなく、誰かのために書かれた情報である、という話です。もしも、会議中のメモを明日の私のための情報と考えたら、私に対してどんなメモを残しておくことが有用でしょうか？

せっかくですので、久しぶりに架空会議を開催して、もう少し具体的にイメージしてみることにしましょう。ぜひあなたもこの会議に参加したつもりでこの先をお読みください。

架空会議

架空会議・社内編

会議内容：食品メーカーの基本調味料に関する新しい宣伝販促プラン

出席者：あなた含めて社内４名程度

ここは、社内の会議室。クライアントの基本調味料の新しい宣伝販促プランを考えるキックオフ会議が始まります。チームに入ったばかりのあなたは、先輩と一緒にその会議に参加しています。チームリーダーのAさんがおもむろに口を開きます。

A「ところで、基本調味料を選ぶとき、みんなはどういう基準で選んでる？」
B「ずっと使ってるものを自然と買ってることが多いですね」
C「いろんなメーカーが出していても、つい馴染みの商品を買ってしまいます」
D「私は実家で使ってたメーカーのものをそのまま使ってますね」
B「たしかに、中身の差とか味の差を気にしたことはないかもしれません」
A「そうだよね、でも本当に味の差ってないんだろうか？」
C「普段は考えたこともありませんでしたが、たしかにそうですよね」
D「……もしかしたら、他のメーカーの調味料を試したことがないからかも」
B「たしかに、他を試したことがないから味の差を知らないだけかもしれません」

A「その他にも、味の差を気にしない理由が何かあるかもしれないね」
C「このポイントは宣伝販促プランを考える上でヒントになりそうですね」
A「……あ、次の会議が始まりそうだ。また次回集まって続きを話そう」

ここでキックオフ会議は終了しました。さて、あなたならこの会議でどんなメモを取りますか?

メモの取り方は人それぞれ違うと思いますが、**明日の私が自分の「思いや意見」を言語化しやすいメモという視点でいうと、メモを取る際に「問い」の文章にしておくことをぜひおすすめします。**

今回の会議における一番の気づきは「基本調味料を選ぶ際に、メーカーごとの味の差を気にする人が少ないかもしれない」という点です。もし私なら、その大事なポイントを、明日の私のためにこのようなメモで残しておきます。

Q．なぜ基本調味料の味の差を気にしない人が多いのか？

お気づきになったかもしれませんが、まさに第4章の「言語化力トレーニング」で何度も見てきた「問い」そのものです。この一行さえあれば、翌日以降にこのメモを頼りに、問いに対する自分の「思いや意見」の言語化作業にスッと取り組むことができるようになります。この問いに対して、あとはどんどんメモに書き出していくだけです。

このように、**言語化力を磨いていく上で大切なのは、いかに普段の仕事から自分自身に問いを立て続けられるか。**ここが非常に大切になってきます。普段から問い形式のメモを意識的に残しておくことで言語化力トレーニングが自然と習慣化されていきますので、個人的にはぜひおすすめです。

あらゆることに「なんで？」の意識を持ち続ける

子供はある年齢になると、親や大人に対して「なんで？」と質問攻めをしてくる時期があります。いわゆる「なぜなぜ期」と呼ばれているものです。もしお子さんが周りにいらっしゃったら、あなたも一度は経験したことがあるのではないでしょうか。

そして、その質問の中には、大人がパッと答えられないものがたくさん含まれています。たとえば、全然知らない人を指差しながら「なんであの人は怒ってるの？」と聞いてきたり。街を走っているクルマを指差して「なんであのクルマは赤いの？」と聞いてきたり。そうやって純粋な気持ちで答えのない質問をされると、こちらとしてもどう返していいものかちょっと困惑してしまいますよね。

でも、子供は意地悪をしたくて疑問を投げかけてくるのではなく、純粋に「もっと知りたい」という気持ちから次々と質問をしてくるわけです。**まさにこの「もっと知**

りたい」という気持ちを大人になっても常に持ち続けていることが、言語化力を磨く大切なきっかけになります。

私が尊敬している会社の先輩は、普段生活をしていて目にしたさまざまな広告に対して、常に「なんで?」と自分に問いかけるクセをつけているそうです。

その広告を見たときに、なんで自分がそう感じたのか。その広告は、なんでそんなコピーをつけたのか。その広告は、なんでそんなデザインにしたのか。

「なんで?」という意識を持って生活をすることは、常に自分に問いを立てながら生活しているということです。そして、自分に問いを立て続けることで、自分が感じたことを常に言語化し続けていく。

そういう習慣を持つことで、自分の中にさまざまなテーマに関する「思いや意見」が言葉の形でストックされていく。その積み重ねの結果が、まさに本書で目指している「瞬時に言語化できる人」ということになるわけです。

もちろん、その第一歩として、本書では「言語化力トレーニング」をご紹介しています。それは、自分が立てた問いに対して、あえてメモに書き出すことで、自分の「思いや意見」が言語化されやすくなると、私がコピーライターとして感じているからです。

ただし、このメモを使ったトレーニングにしても、まずは問いを立てることから全てが始まります。そして、問いを立てることはすなわち、毎日の中で常に「なんで？」というアンテナを張り続けるということなのです。

先ほどお話しした子供とは違い、私たちは大人になると世の中のことが何となく理解できているつもりになりがちです。ビジネスにおいても、特に仕事に慣れてくると、日常の業務に対してあまり疑問を持たずに、「昔からこうやってるから」とか「みんなそうやってるから」と決めつけて、何も考えずに取り組んでしまうことが往々にして起こってしまいます。

だからこそ、普段から意識的に「なんで？」と自分に問いかけ続けること。その習慣を身に付けることが、長い目で見たときにあなたの言語化力を確実に引き上げてくれるエンジンになると信じています。

おわりに

言いたいことがあるのにうまく言葉にできない。会議で「どう思う?」と聞かれてもパッと言葉にできない。伝えたい思いはあるのに何と言っていいかわからない。頭の中にモヤモヤとしたイメージはあるけどどんな言葉で表現していいかわからない。そんな悩みを持つ方のために、本書を執筆しました。

最後までお読みいただいて、どんな感想を持たれたでしょうか?「言語化するコツがわかった気がする」「これなら自分でも簡単に言語化力を磨くトレーニングができそう」。もしあなたにほんの少しでもそう感じていただけたら、それ以上に嬉しいことはありません。

少しだけ、自分自身の話をさせてください。私はこれまで十数年間、コピーライターとして仕事に取り組んできました。学生時代にコピーライティングに関する特別な勉強をしていたわけではなかったので、会社に入社してコピーライター職に配属されてから、本当に暗中模索しながらプロとして認められるようひたすらもがき苦しんできました。

そして十数年間もがき苦しんでこられたのは、とにかく自分の書くコピーで多くの人を喜ばせたい、という思いがあったからです。目の前の先輩を、相談をくれたクライアントを、そしてその先にいるたくさんの生活者に少しでも喜んでほしい。

そんな気持ちで仕事に取り組む中で、幸運なことにさまざまな上司、先輩、同僚に恵まれ、多くのクライアントの方々に恵まれて、私は今日もコピーライターとして仕事ができています。


一方で、コピーライターは非常に特殊な職業だなと感じてきたのも事実です。広告というフィールド自体も特殊ですし、さらにその中でコピーとなると、そこだけ見たら本当にニッチな仕事だといわざるを得ません。果たして自分の二十代、三十代のほとんどをかけて取り組んできたこと、そこで身に付けたことが、この先どれほど多くの人の役に立つのだろうか、と悩むことも正直ありました。

今回、「言語化力をテーマにした本を書いてみませんか」とお声がけをいただいたとき、なぜ自分なのか、最初はかなり戸惑ったことを今でも覚えています。これまで言語化力について専門的に研究してきたわけでもありませんし、そもそも言語化力に対して多くのビジネスマンが悩みを抱えているということなど考えたこともなかったからです。

でも、本書を書き終えた今、「言語化力を磨くにはどうすればいいか？」という問いに対して、私のコピーライターとしての経験を通じて感じること、私自身の経験を踏まえた具体的なトレーニング方法などを、本書を通して自分なりに言語化することができたと感じています。

本書は特性上、一読するだけで言語化力が一気にアップするという類の本ではありません。しかし、ご紹介したトレーニング法や今後意識してもらいたいことを継続していただければ、必ず効果が表れると信じています。本書では本業であるコピーを書く機会はありませんでしたが、それでも私の書いた文章や内容が少しでもあなたの悩みの解決に役立ち、喜んでいただけたら、これまでコピーライターを続けてきてよかったと心から思えます。

そういえば最近、ある会議で私が「でも、コピーライターって職業はつぶしが利かないと思うんですよねぇ」という話をしたときに「そんなことは全然ない。むしろ、いろんな職業のいろんな人が『言葉』について悩んでますよ」と言われたことがありました。本書を読んで「コピーライターってこういう悩みにも応えてくれるんだ」「広告以外にも言葉に関するいろんな相談をしてもいいんだ」と少しでも感じてもらえたら、ぜひあなたの周りにいるコピーライターに、「言葉」に関する悩みを気軽に相談してもらえたら嬉しいです。

最後になりますが、このような貴重な機会をいただいた編集者、そして、執筆の応援と執筆時間の確保のために多大な協力をしてくれた家族・親族に心より感謝します。

荒木俊哉

巻末特典

メモの「問い」の例 500

普段から自分へ「問い」を立て、トレーニングをしていると、すぐに「問い」がなくなってしまうことでしょう。

そこで、この巻末特典に「問い」の例をふんだんに盛り込みましたので、参考にしてみて下さい。

チェックボックスを用意していますので、完了した「問い」にチェックをつけてもよし。あるいは、うまく言語化できたものには「○」、できなかったものに「×」、もう少しなものに「△」をつけ、「×」や「△」については後で再チャレンジしてもよいでしょう。

仕事

導入

- □ 1 そもそもなぜ仕事のことを考えるべきか？

仕事全般

- □ 2 今の自分の課題点は何か？
- □ 3 「仕事ができる」とは何か？
- □ 4 どうしたらもっと仕事ができるようになるか？
- □ 5 どんな人を「仕事ができる人」だと思うか？
- □ 6 どうしたら収入を増やせるか？
- □ 7 ○○さんはなぜ仕事ができるのか？
- □ 8 ○○さんはなぜ仕事ができないのか？
- □ 9 どういうとき、自分は成長できるか？
- □ 10 仕事で成功した経験は？
- □ 11 仕事で失敗した経験は？
- □ 12 仕事で挫折した経験は？

業務

- □ 13 どうしたら仕事のスピードが速くなるか？
- □ 14 どうしたら仕事の質を上げられるか？
- □ 15 どうしたら集中力を上げられるか？
- □ 16 社外メールで意識することは？
- □ 17 社内メールで意識することは？
- □ 18 どんなタスク管理をするべきか？

会議

- □ 19 意味のある会議にするには？
- □ 20 どうしたらみんな発言できるか？
- □ 21 どんな意見を言うべきか？
- □ 22 ○○さんの話をどう思ったか？
- □ 23 意見が違うときはどうするか？

チーム

- □ 24 チームで動く上で大事なことは？
- □ 25 どうしたらチームが機能するか？
- □ 26 自分の役割は何か？
- □ 27 どうしたらチームに貢献できるか？
- □ 28 チームメンバーの役割は何か？
- □ 29 仕事以外でもメンバーと関わるべきか？

マネジメント

- □ 30 マネジメントで大事なことは？
- □ 31 自分は何をやるべきか？
- □ 32 自分は何をやらないべきか？
- □ 33 部下とはどう関わるべきか？
- □ 34 部下のパフォーマンスを高めるには？
- □ 35 他部署とはどう関わるべきか？
- □ 36 他部署との意見が違うときはどうするべきか？

商談

- □ 37 どんな準備をするべきか？
- □ 38 見た目にはどう気をつけるべきか？
- □ 39 どんな資料がよいか？
- □ 40 最初はどんな話をするべきか？
- □ 41 全体としてどんな話をするべきか？
- □ 42 質疑・応答で意識することは？
- □ 43 最後に意識することは？
- □ 44 どうしたら成約率を上げられるか？
- □ 45 話し方のコツはあるか？
- □ 46 商談がうまい人はどんな特徴があるか？

プレゼン

- □ 47 どんな準備をするべきか？
- □ 48 どんなプレゼン資料にするべきか？
- □ 49 最初はどんな話をするべきか？
- □ 50 全体としてどんな話をするべきか？

仕事

プレゼン

- □ 51 質疑・応答で意識することは？
- □ 52 最後に意識することは？
- □ 53 話し方のコツはあるか？
- □ 54 プレゼンがうまい人はどんな特徴があるか？

企画書

- □ 55 どんな内容にするべきか？
- □ 56 訴求ポイントは何にするべきか？
- □ 57 全体として意識することは？
- □ 58 誰に向けた企画にするべきか？
- □ 59 見出しで意識することは？
- □ 60 企画を量産するにはどうするべきか？
- □ 61 どうしても思いつかないときの対処法は？
- □ 62 どうすれば流行に敏感になれるか？
- □ 63 企画書のビジュアルはどうあるべきか？
- □ 64 企画書を早く作るにはどうするべきか？

トラブル対応

- □ 65 なぜトラブルが起こったか？
- □ 66 トラブルにどう対応するか？
- □ 67 相手はなぜ怒っていると思うか？
- □ 68 話し方にコツはあるか？
- □ 69 上司への説明のポイントは？

人間関係

- □ 70 上司とどう関わるべきか？
- □ 71 部下とどう関わるべきか？
- □ 72 同僚とどう関わるべきか？
- □ 73 他部署の人とどう関わるべきか？
- □ 74 苦手な人とどう接するべきか？

ホウレンソウ

- □ 75 報告で大事なことは？
- □ 76 連絡で大事なことは？
- □ 77 相談で大事なことは？
- □ 78 ホウレンソウで大事なことは？
- □ 79 話し方のコツはあるか？

転職

- □ 80 なぜその業界を志望するのか？
- □ 81 なぜその職種を志望するのか？
- □ 82 自分のやりたいことは何か？
- □ 83 これまでの会社にはなぜ入ったのか？
- □ 84 なぜ今の会社に入ったのか？
- □ 85 なぜ今、その会社を志望するのか？
- □ 86 仕事しながら転職活動をするには？
- □ 87 どんな社会課題を解決したいか？
- □ 88 面接では何を話すべきか？

メンタル管理

- □ 89 なぜ気分が悪いのか？
- □ 90 どういうときに気分がいいか？
- □ 91 どういうときに気分が悪くなりやすいか？
- □ 92 どうしたら気分よくいられるか？
- □ 93 マイナス思考な人をどう思うか？
- □ 94 なぜ緊張してしまうのか？
- □ 95 人前でも緊張しないにはどうしたらいいか？

情報収集

- □ 96 なぜ情報収集が必要か？
- □ 97 情報収集するベストな方法は？
- □ 98 情報収集がうまい人はどうやっているのか？
- □ 99 情報ソースはどこがいいか？
- □ 100 いつ情報収集をするべきか？

勉強

導入

□ 1 そもそもなぜ勉強のことを考えるべきか？

小学校

□ 2 好きだった教科は？
□ 3 嫌いだった教科は？
□ 4 勉強で成功した経験は？
□ 5 勉強で挫折した経験は？
□ 6 勉強で何を得たか？
□ 7 なぜその部活に入っていた？
□ 8 部活で成功した経験は？
□ 9 部活で挫折した経験は？
□ 10 部活で何を得たか？

中学校

□ 11 好きだった教科は？
□ 12 嫌いだった教科は？
□ 13 勉強で成功した経験は？
□ 14 勉強で挫折した経験は？
□ 15 勉強で何を得たか？
□ 16 なぜその部活に入っていた？
□ 17 部活で成功した経験は？
□ 18 部活で挫折した経験は？
□ 19 部活で何を得たか？

高校

□ 20 好きだった教科は？
□ 21 嫌いだった教科は？
□ 22 勉強で成功した経験は？
□ 23 勉強で挫折した経験は？
□ 24 勉強で何を得たか？
□ 25 なぜその部活に入っていた？
□ 26 部活で成功した経験は？
□ 27 部活で挫折した経験は？
□ 28 部活で何を得たか？

大学

□ 29 好きだった教科は？
□ 30 嫌いだった教科は？
□ 31 勉強で成功した経験は？
□ 32 勉強で挫折した経験は？
□ 33 勉強で何を得たか？
□ 34 なぜその部活に入っていた？
□ 35 部活で成功した経験は？
□ 36 部活で挫折した経験は？
□ 37 部活で何を得たか？

社会人（過去）

□ 38 どんな勉強が好きだったか？
□ 39 どんな勉強が嫌いだったか？
□ 40 勉強で成功した経験は？
□ 41 勉強で挫折した経験は？
□ 42 勉強で何を得たか？

現在

□ 43 なぜ勉強するのか？
□ 44 どんな勉強が好きか？
□ 45 どんな勉強が嫌いか？
□ 46 今一番勉強したいことは？
□ 47 人生で一番勉強で嬉しかったことは？
□ 48 人生で一番勉強で悲しかったことは？
□ 49 勉強がはかどるコツは？
□ 50 勉強のやる気をどう上げるか？

自己分析

導入

□ 1 そもそもなぜ自己分析をするのか？

幼少期

□ 2 何をするのが好きだったか？
□ 3 何をするのが嫌いだったか？
□ 4 何が得意だったか？
□ 5 何が苦手だったか？
□ 6 当時の夢は？
□ 7 どんな友人が多かった？
□ 8 苦手な人はどんな人だったか？
□ 9 周りからどんな人だと言われたか？
□ 10 当時の自分の性格は？
□ 11 自分の好きだった点は？
□ 12 自分の嫌いだった点は？
□ 13 当時、大切にしていたことは？
□ 14 当時、おろそかにしていたことは？
□ 15 自分の自慢できた点は？
□ 16 当時のコンプレックスは？
□ 17 人の言うことを聞くタイプだったか？
□ 18 人とすぐ仲良くなれるタイプだったか？
□ 19 人とぶつかることが多かったか？
□ 20 どんなクセを持っていたか？
□ 21 一番楽しかったできごとは？
□ 22 一番嫌だったできごとは？
□ 23 一番の成功体験は？
□ 24 一番の失敗体験は？
□ 25 一番恥ずかしかった経験は？
□ 26 一番悲しかった経験は？
□ 27 一番裏切られたと感じた経験は？
□ 28 一番影響を受けた経験は？
□ 29 一番後悔している経験は？
□ 30 一番怒った経験は？
□ 31 一番人に迷惑をかけた経験は？

小学校

□ 32 何をするのが好きだったか？
□ 33 何をするのが嫌いだったか？
□ 34 何が得意だったか？
□ 35 何が苦手だったか？
□ 36 当時の夢は？
□ 37 どんな友人が多かった？
□ 38 苦手な人はどんな人だったか？
□ 39 周りからどんな人だと言われたか？
□ 40 当時の自分の性格は？
□ 41 自分の好きだった点は？
□ 42 自分の嫌いだった点は？
□ 43 当時、大切にしていたことは？
□ 44 当時、おろそかにしていたことは？
□ 45 自分の自慢できた点は？
□ 46 当時のコンプレックスは？
□ 47 人の言うことを聞くタイプだったか？
□ 48 人とすぐ仲良くなれるタイプだったか？
□ 49 人とぶつかることが多かったか？
□ 50 どんなクセを持っていたか？

自己分析

小学校

- □ 51 一番楽しかったできごとは？
- □ 52 一番嫌だったできごとは？
- □ 53 一番の成功体験は？
- □ 54 一番の失敗体験は？
- □ 55 一番恥ずかしかった経験は？
- □ 56 一番悲しかった経験は？
- □ 57 一番裏切られたと感じた経験は？
- □ 58 一番影響を受けた経験は？
- □ 59 一番後悔している経験は？
- □ 60 一番怒った経験は？
- □ 61 一番人に迷惑をかけた経験は？

中学校

- □ 62 何をするのが好きだったか？
- □ 63 何をするのが嫌いだったか？
- □ 64 何が得意だったか？
- □ 65 何が苦手だったか？
- □ 66 当時の夢は？
- □ 67 どんな友人が多かった？
- □ 68 苦手な人はどんな人だったか？
- □ 69 周りからどんな人だと言われたか？
- □ 70 当時の自分の性格は？
- □ 71 自分の好きだった点は？
- □ 72 自分の嫌いだった点は？
- □ 73 当時、大切にしていたことは？
- □ 74 当時、おろそかにしていたことは？
- □ 75 自分の自慢できた点は？

中学校

- □ 76 当時のコンプレックスは？
- □ 77 人の言うことを聞くタイプだったか？
- □ 78 人とすぐ仲良くなれるタイプだったか？
- □ 79 人とぶつかることが多かったか？
- □ 80 どんなクセを持っていたか？
- □ 81 一番楽しかったできごとは？
- □ 82 一番嫌だったできごとは？
- □ 83 一番の成功体験は？
- □ 84 一番の失敗体験は？
- □ 85 一番恥ずかしかった経験は？
- □ 86 一番悲しかった経験は？
- □ 87 一番裏切られたと感じた経験は？
- □ 88 一番影響を受けた経験は？
- □ 89 一番後悔している経験は？
- □ 90 一番怒った経験は？
- □ 91 一番人に迷惑をかけた経験は？

高校

- □ 92 何をするのが好きだったか？
- □ 93 何をするのが嫌いだったか？
- □ 94 何が得意だったか？
- □ 95 何が苦手だったか？
- □ 96 当時の夢は？
- □ 97 どんな友人が多かった？
- □ 98 苦手な人はどんな人だったか？
- □ 99 周りからどんな人だと言われたか？
- □ 100 当時の自分の性格は？

自己分析

高校

□ 101 自分の好きだった点は？
□ 102 自分の嫌いだった点は？
□ 103 当時、大切にしていたことは？
□ 104 当時、おろそかにしていたことは？
□ 105 自分の自慢できた点は？
□ 106 当時のコンプレックスは？
□ 107 人の言うことを聞くタイプだったか？
□ 108 人とすぐ仲良くなれるタイプだったか？
□ 109 人とぶつかることが多かったか？
□ 110 どんなクセを持っていたか？
□ 111 一番楽しかったできごとは？
□ 112 一番嫌だったできごとは？
□ 113 一番の成功体験は？
□ 114 一番の失敗体験は？
□ 115 一番恥ずかしかった経験は？
□ 116 一番悲しかった経験は？
□ 117 一番裏切られたと感じた経験は？
□ 118 一番影響を受けた経験は？
□ 119 一番後悔している経験は？
□ 120 一番怒った経験は？
□ 121 一番人に迷惑をかけた経験は？

大学

□ 122 何をするのが好きだったか？
□ 123 何をするのが嫌いだったか？
□ 124 何が得意だったか？
□ 125 何が苦手だったか？

大学

□ 126 当時の夢は？
□ 127 どんな友人が多かった？
□ 128 苦手な人はどんな人だったか？
□ 129 周りからどんな人だと言われたか？
□ 130 当時の自分の性格は？
□ 131 自分の好きだった点は？
□ 132 自分の嫌いだった点は？
□ 133 当時、大切にしていたことは？
□ 134 当時、おろそかにしていたことは？
□ 135 自分の自慢できた点は？
□ 136 当時のコンプレックスは？
□ 137 人の言うことを聞くタイプだったか？
□ 138 人とすぐ仲良くなれるタイプだったか？
□ 139 人とぶつかることが多かったか？
□ 140 どんなクセを持っていたか？
□ 141 一番楽しかったできごとは？
□ 142 一番嫌だったできごとは？
□ 143 一番の成功体験は？
□ 144 一番の失敗体験は？
□ 145 一番恥ずかしかった経験は？
□ 146 一番悲しかった経験は？
□ 147 一番裏切られたと感じた経験は？
□ 148 一番影響を受けた経験は？
□ 149 一番後悔している経験は？
□ 150 一番怒った経験は？

自己分析

大学

- □ 151 一番人に迷惑をかけた経験は？

社会人（過去）

- □ 152 何をするのが好きだったか？
- □ 153 何をするのが嫌いだったか？
- □ 154 何が得意だったか？
- □ 155 何が苦手だったか？
- □ 156 当時の夢は？
- □ 157 どんな友人が多かった？
- □ 158 苦手な人はどんな人だったか？
- □ 159 周りからどんな人だと言われたか？
- □ 160 当時の自分の性格は？
- □ 161 自分の好きだった点は？
- □ 162 自分の嫌いだった点は？
- □ 163 当時、大切にしていたことは？
- □ 164 当時、おろそかにしていたことは？
- □ 165 自分の自慢できた点は？
- □ 166 当時のコンプレックスは？
- □ 167 人の言うことを聞くタイプだったか？
- □ 168 人とすぐ仲良くなれるタイプだったか？
- □ 169 人とぶつかることが多かったか？
- □ 170 どんなクセを持っていたか？
- □ 171 一番楽しかったできごとは？
- □ 172 一番嫌だったできごとは？
- □ 173 一番の成功体験は？
- □ 174 一番の失敗体験は？
- □ 175 一番恥ずかしかった経験は？
- □ 176 一番悲しかった経験は？
- □ 177 一番裏切られたと感じた経験は？
- □ 178 一番影響を受けた経験は？
- □ 179 一番後悔している経験は？
- □ 180 一番怒った経験は？
- □ 181 一番人に迷惑をかけた経験は？

現在

- □ 182 何をするのが好きか？
- □ 183 何をするのが嫌いか？
- □ 184 何が得意か？
- □ 185 何が苦手か？
- □ 186 夢は？
- □ 187 どんな友人が多いか？
- □ 188 苦手な人はどんな人か？
- □ 189 周りからどんな人だと言われるか？
- □ 190 今の自分の性格は？
- □ 191 自分の好きな点は？
- □ 192 自分の嫌いな点は？
- □ 193 大切にしていることは？
- □ 194 おろそかにしていることは？
- □ 195 自分の自慢できる点は？
- □ 196 コンプレックスは？
- □ 197 人の言うことを聞くタイプか？
- □ 198 人とすぐ仲良くなれるタイプか？
- □ 199 人とぶつかることが多いか？
- □ 200 どんなクセを持っているか？

プライベート

導入

- □ 1 なぜプライベートを考えるのか？

プライベート全般

- □ 2 どんなときに幸せを感じるか？
- □ 3 自分の人生哲学は？
- □ 4 仕事もプライベートも充実させるには？

趣味

- □ 5 趣味は何か？
- □ 6 人生で一番印象に残っている本は？
- □ 7 人生で一番感動した映画は？
- □ 8 人生で一番感動したテレビドラマは？
- □ 9 人生で一番笑ったバラエティ番組は？
- □ 10 最近読んだ本の感想は？
- □ 11 最近観た映画の感想は？
- □ 12 最近観たテレビドラマの感想は？
- □ 13 最近観たバラエティ番組の感想は？
- □ 14 旅行は好きか？
- □ 15 どこに旅行したことがあるか？
- □ 16 一番印象に残っている旅行は？
- □ 17 最近行った旅行の感想は？
- □ 18 一番好きなアウトドアの趣味は？
- □ 19 一番好きなインドアの趣味は？
- □ 20 趣味がない自分をどう思うか？
- □ 21 趣味は無理やりつくるべきか？
- □ 22 ずっとやりたいと思っているけれど、できていないことは？
- □ 23 もし1か月休みが取れるとしたら、何をするか？
- □ 24 もしお金と能力の制約がないとしたら、何をしたいか？

お金

- □ 25 人生でどんなことに一番お金を費やしてきたか？
- □ 26 自分のお金の哲学は何か？
- □ 27 なぜお金を貯めるのか？
- □ 28 どうしたら節約できるか？
- □ 29 なぜ支出が多いのか？
- □ 30 どうしたらもっと収入を増やせるか？
- □ 31 寄付はするべきか？
- □ 32 お金は人に貸すべきか？
- □ 33 投資はするべきか？

結婚

- □ 34 なぜその人と結婚したいのか？
- □ 35 その人の何が好きか？
- □ 36 その人の何が嫌いか？
- □ 37 結婚のメリットは？
- □ 38 結婚のデメリットは？
- □ 39 自分の結婚観は？
- □ 40 人生における結婚とは？
- □ 41 そもそもなぜ結婚するのか？
- □ 42 どうすれば結婚生活がうまくいくか？
- □ 43 子供は欲しいか？
- □ 44 家事の分担はどうするのか？
- □ 45 どこに住みたいか？
- □ 46 どんな家に住みたいか？
- □ 47 どんな生活を送りたいか？
- □ 48 相手の家族との関係は？
- □ 49 相手の家との関係をよくするには？
- □ 50 離婚したらどうするか？

家族・友人

導入

□ 1 そもそもなぜ家族・友人を知るのか？

父親

□ 2 父親のどんなところが好きか？
□ 3 父親のどんなところが嫌いか？
□ 4 父親と似ているところは？
□ 5 父親と正反対なところは？
□ 6 父親との一番の思い出は？
□ 7 父親と何を話しているときが楽しいか？

母親

□ 8 母親のどんなところが好きか？
□ 9 母親のどんなところが嫌いか？
□ 10 母親と似ているところは？
□ 11 母親と正反対なところは？
□ 12 母親との一番の思い出は？
□ 13 母親と何を話しているときが楽しいか？

兄弟姉妹

□ 14 兄弟姉妹のどんなところが好きか？
□ 15 兄弟姉妹のどんなところが嫌いか？
□ 16 兄弟姉妹と似ているところは？
□ 17 兄弟姉妹と正反対なところは？
□ 18 兄弟姉妹との一番の思い出は？
□ 19 兄弟姉妹と何を話しているときが楽しいか？

祖父

□ 20 祖父のどんなところが好きか？
□ 21 祖父のどんなところが嫌いか？
□ 22 祖父と似ているところは？
□ 23 祖父と正反対なところは？
□ 24 祖父との一番の思い出は？
□ 25 祖父と何を話しているときが楽しいか？

祖母

□ 26 祖母のどんなところが好きか？
□ 27 祖母のどんなところが嫌いか？
□ 28 祖母と似ているところは？
□ 29 祖母と正反対なところは？
□ 30 祖母との一番の思い出は？
□ 31 祖母と何を話しているときが楽しいか？

子供

□ 32 子供のどんなところが好きか？
□ 33 子供のどんなところが嫌いか？
□ 34 子供と似ているところは？
□ 35 子供と正反対なところは？
□ 36 子供との一番の思い出は？
□ 37 子供と何を話しているときが楽しいか？

友人

□ 38 友人のどんなところが好きか？
□ 39 友人のどんなところが嫌いか？
□ 40 友人と似ているところは？
□ 41 友人と正反対なところは？
□ 42 友人との一番の思い出は？
□ 43 友人と何を話しているときが楽しいか？

パートナー

□ 44 パートナーと似ているところは？
□ 45 パートナーと正反対なところは？
□ 46 パートナーとの一番の思い出は？
□ 47 パートナーと何を話しているときが楽しいか？

ペット

□ 48 なぜペットを飼うか？
□ 49 ペットの何が好きか？
□ 50 ペットの何が嫌いか？

未来

導入

□ 1 そもそもなぜ未来を考えるのか？

近い未来

□ 2 1年後、どんな人間になっていたいか？
□ 3 1年後、どんな仕事をしていたいか？
□ 4 3年後、どんな人間になっていたいか？
□ 5 3年後、どんな仕事をしていたいか？
□ 6 実現のために、今するべきことは？

30代

□ 7 どんな人間になっていたいか？
□ 8 どんな仕事をしていたいか？
□ 9 どんなポジションについているか？
□ 10 年収は？
□ 11 どこに住みたいか？
□ 12 ワークライフバランスは？
□ 13 プライベートは何をしているか？
□ 14 どんなことにチャレンジしているか？
□ 15 どんな趣味を楽しんでいるか？
□ 16 人間関係はどうなっているか？
□ 17 家族との関係は？

40代

□ 18 どんな人間になっていたいか？
□ 19 どんな仕事をしていたいか？
□ 20 どんなポジションについているか？
□ 21 年収は？
□ 22 どこに住みたいか？
□ 23 ワークライフバランスは？
□ 24 プライベートは何をしているか？
□ 25 どんなことにチャレンジしているか？
□ 26 どんな趣味を楽しんでいるか？
□ 27 人間関係はどうなっているか？
□ 28 家族との関係は？

50代

□ 29 どんな人間になっていたいか？
□ 30 どんな仕事をしていたいか？
□ 31 どんなポジションについているか？
□ 32 年収は？
□ 33 どこに住みたいか？
□ 34 ワークライフバランスは？
□ 35 プライベートは何をしているか？
□ 36 どんなことにチャレンジしているか？
□ 37 どんな趣味を楽しんでいるか？
□ 38 人間関係はどうなっているか？
□ 39 家族との関係は？

定年後

□ 40 どんな人間になっていたいか？
□ 41 仕事は続けるか？
□ 42 どこに住みたいか？
□ 43 どんなことにチャレンジしているか？
□ 44 どんな趣味を楽しんでいるか？
□ 45 人間関係はどうなっているか？
□ 46 家族との関係は？
□ 47 子供に何を遺したいか？
□ 48 パートナーに先立たれたら？
□ 49 死ぬまでに成し遂げたいことは？
□ 50 どうやって最期を迎えるか？

著者略歴

荒木俊哉（あらき・しゅんや）

株式会社電通　コピーライター
一橋大学卒業後、2005年に株式会社電通に入社。営業局の配属を経てクリエーティブ局へ。その後は、コピーライターとしてさまざまな商品・企業・団体のブランディングに従事。これまで手掛けたプロジェクトの数は100以上、活動は５大陸20か国以上にのぼる。

世界三大広告賞のうちCannes LionsとThe One Showのダブル入賞をはじめ、ACC賞、TCC新人賞、NIKKEI ADVERTISING アワード、YOMIURI ADVERTISING アワード、MAINICHI ADVERTISEMENT DESIGN アワードなど、国内外で20以上のアワードを獲得。

広告以外にも、国際的ビッグイベントのコンセプトプランニングや、スタートアップ企業のビジョン・ミッション・バリュー策定のサポートも行う。また、毎年一橋大学でコピーライティングやアイデア発想のゼミも開講している。

コピーライターとしての長年の経験を通して「どう伝えるか」の前に「何を伝えるか」こそが大切だと感じるようになり、本書を執筆。本書が初の著書になる。

瞬時に「言語化できる人」が、うまくいく。

2023年４月６日　初版第１刷発行
2024年11月８日　初版第12刷発行

著　　者　荒木俊哉
発 行 者　出井貴完
発 行 所　SBクリエイティブ株式会社
〒105-0001　東京都港区虎ノ門2-2-1
装　　丁　西垂水敦・松山千尋（krran）
本文デザイン　高橋明香（おかっぱ製作所）
本文イラスト　瀬川尚志
校　　正　ペーパーハウス
ＤＴＰ　株式会社RUHIA
編集担当　水早 將
印刷・製本　中央精版印刷株式会社

本書をお読みになったご意見・ご感想を
下記URL、またはQRコードよりお寄せください。

https://isbn2.sbcr.jp/18926/

落丁本、乱丁本は小社営業部にてお取り替えいたします。定価はカバーに記載されております。本書の内容に関するご質問等は、小社学芸書籍編集部まで必ず書面にてご連絡いただきますようお願いいたします。

ISBN978-4-8156-1892-6